本书为国家社科基金重点课题
"地方高校转型发展"（基金号：AIA150008）研究成果之一

井美莹 著

创新教育文库
主编／杨钋

平等而不同

芬兰应用科学大学的
科研发展

EQUAL BUT DIFFERENT:
THE DEVELOPMENT OF
RESEARCH FUNCTION
AT FINNISH UNIVERSITY OF
APPLIED SCIENCES

社会科学文献出版社
SOCIAL SCIENCES ACADEMIC PRESS (CHINA)

"创新教育文库"编委会

创新与共享

周虽旧邦，其命维新。

《诗经·大雅·文王》

创新是高质量教育发展的立足点和目标。党的二十大报告提出，必须坚持科技是第一生产力、人才是第一资源、创新是第一动力，深入实施科教兴国战略、人才强国战略、创新驱动发展战略，开辟发展新领域、新赛道，不断塑造发展新动能、新优势。创新是社会发展的驱动力，教育领域的创新是全社会创新的来源。

近年来，创新理论的发展日益关注共生创新和开放式创新，提出了促进创新产生需要网络化合作。经典的合作者网络共生创新模型包含内部合作、消费者合作、价值网络合作、开放式合作和生态合作五个层次。该理论的新发展方向是通过实践共同体促进创新。实践共同体是联系紧密的群体，是经过长时间的共同实践，成员自发紧密结合的团体，能够给成员提供归属感和承诺。实践共同体是一个环境，在这里知识能够被创造和共享，从而能够提高创新的效率和效益。

近年来，创新理论被广泛应用于指导教育领域的创新，也被用来研究教育领域的创新。"创新教育文库"第一辑收录的三本著作，从不同层次的合作者网络视角，分析了国内外的教育创新。《知识共享的原动力：来自企业教育虚拟社区的观察》采用大型跨国企业内部教育虚拟社区的丰富数据，分析了以内部合作为代表的合作者网络共生创新过程。企业内部教育虚拟社区属于控制力量驱动的实践共同体，管理者提供了必要的支持，以使实践共同体得以实现其知识目标。该研究发现组织通过开发方式，利用关键人物力量，开展了持续的渐进式创新活动。这一发现证实了企业作为教育创新主体的可行性和重要性，也验证了利用和探索是组织中知识创造过程的本质，为企业参与教育创新指明了方向和组织条件。

《父母参与的力量：中学生在线学习启示录》关注家庭与教育机构之间构建的消费者合作网络，父母和学生作为在线教育的消费者参与了学习的共同创造过程。在教育实践共同体中，父母致力于解决控制和自主性之间的矛盾，引导子女探索新知识领域。实证分析表明，父母参与促进学业成就的关键是提高学生在线自主学习能力，这验证了实践共同体驱动力理论的结论。

《平等而不同：芬兰应用科学大学的科研发展》在价值网络合作层次，分析了高等教育机构与其主要利益相关者——国际组织、政府、企业之间的价值创造和价值传递过程。该研究关注作为后发高等教育机构的应用科学大学，在发展科研功能的过程中，基于环境条件，构建不同组织模式来支持新功能的发展。在控制性驱动和自主性驱动的双重作用下，高校进行知识重组，向社会提供了全新的知识产品。该研究验证了组织可以围绕新的组织功能建立实践共同体，并通过不同实践共同体之间的链接，促进知识共享，拓展实践共同体的边界。

"创新教育文库"第一辑收录的著作，敏锐地识别出教育领域的创新性组织、创新性学习方式和教育组织的创新性功能，并综合应用组织学、管理学、经济学和教育学等多学科理论进行了分析。这些研究虽然来自教育研究领域，但它们不约而同地与合作者网络共生创新模型进行了对话，凸显了通过实践共同体进行创新的重要性和巨大潜力，开辟了教育创新研究的新方向。

我国不同历史时期出版了不少具有创新性的教育文库，如民国时期的"新中学文库"和"国民教育文库"等。这些文库引领了对教育历史和实践中创新的关注。"创新教育文库"旨在继承和发扬文库在知识创新和知识共享方面的优势，以发掘和推荐对教育领域的创新性组织、创新性学习方式和教育组织的创新性功能的研究为己任，以支持教育创新研究和我国教育事业的高质量创新发展。

编委会倾力谋划，经学界通人擘画，终以此文库呈现在读者面前。文库草创，难免有不成熟之处，诚盼专家学者和广大读者共襄助之。

杨 钋

北京大学教育学院教育经济与管理系主任

北京大学教育经济研究所长聘副教授

2022 年 10 月于北京大学燕园

目　录

序　一

我非常高兴看到首部详细介绍芬兰应用科学大学的中文专著出版，也感谢该书作者井美莹老师对芬兰应用科学大学研究的执着和付出。

自从芬兰教育在经合组织 PISA（国际学生能力测评）崭露头角，中国人开始关注芬兰教育，特别是对芬兰的基础教育有着浓厚的兴趣。的确，在国人眼中芬兰基础教育是个奇迹：其一，在校学生学习时间短，学习效果却不凡；其二，最优秀的高中毕业生报考师范教育，为的是当中小学老师；其三，有大约一半的初中毕业生高高兴兴地去读职业高中；其四，在没有监管和督导的体系下，芬兰中小学在高效运转。然而说起芬兰的高等教育特别是芬兰高等教育的特点，我们却知之甚少。

芬兰的目标不是打造一批能够冲击世界大学排名榜的高校，而是重在构建一个卓越和务实的高等教育体系，它的一个独特之处是"平等而不同"的双轨制。双轨制是指研究型大学和应用科学大学分别按照两个法律框架运行，前者以研究为导向，后者以实践为导向，旨在满足劳动力市场的需求，两者互为补充。应用科学大学是 20 世纪 90 年代发展起来的，这些高等教育机构的建立和发展主要是把一些地理位置毗邻的职业技术学校合并和升格，而升格后的学校具有学士学位授予权。

与其他国家的这类高校一样，芬兰应用科学大学也不可避免地受到"学术漂移"现象的影响。学术漂移是指非研究型或层次较低的高等教育机构向精英大学方向转型的趋势。其形成有以下几个原因。第一，社会的普遍认知多以大学学术声望为判断学校优劣的最重要指标；第二，大学教师基本上还是依循学术挂帅、研究优先的"洪堡"价值观；第三，研究型大学不但能提升机构声望，吸引杰出学者与优秀学生，更有利于吸引来自政府及企业的研究经费。

我国地方院校的转型也面临学术漂移现象的挑战。其中，最重要的争论就是：那些面向地方和以应用为导向的地方院校是否需要发展科研？如果为了满足构建知识社会和创新体系，发展科研已经成为共识，那么地方院校的科研与研究型大学相比，有什么独特之处？而这些独特之处对地方院校的管理有什么新的要求？这些问题对地方院校的发展战略和管理至关重要，但是回答这些问题并不容易。

芬兰应用科学大学经过 30 多年的发展，较为成功地找到了科研的定位。这些院校的科研不仅支撑了教学和创新，也帮助当地企业解决了问题，同时还与相关研究型大学开展互惠型研究合作。在这一过程中，不同的应用科学大学采取了因地制宜的科研管理模式，并创造了促进可持续创新的环境和机制。核心的一点是芬兰应用科学大学与研究型大学成为具有同等地位并互为补充的两类提供高等教育、支持经济发展和推动社会创新的重要教育机构。

芬兰的经验对我国地方院校改革有重要的借鉴作用。虽然中国和芬兰在国家规模、社会结构、文化和历史传统等方面有较大的区别，但是芬兰经验可以为"我"所用，因为两国在以下几个方面有相似之处。第一，两国高等教育系统层面的治理原则有类似的地方，都强调发挥国家的协调和管理作用；第二，芬兰建立应用科学大学时期的社会和经济环境与当下中国地方院校改革面临的环境有可比性；第三，两国的职业培训都主要以学校为中心，同时与相关企业密切合作；第四，两国在改革过程中都寻求借鉴国际经验；第五，中国地方院校转型过程中面临很多挑战，芬兰在改革中也遇到过类似的情况。

  井美莹老师的《平等而不同：芬兰应用科学大学的科研发展》一书，不仅为中国地方院校改革提供了借鉴，也为高等教育组织和管理的研究做出了贡献。基于扎实的质性访谈数据分析，该书从制度理论的视角对研究职能在芬兰应用科学大学的发展过程进行了深度分析和解读。这一研究不仅填补了国内相关研究的空白，对这一领域的国际文献研究也有重要价值。

蔡瑜琢

芬兰坦佩雷大学管理和商学院高等教育中心副教授

中芬联合学习创新研究院中芬教育研究中心（芬方）主任

2022 年 10 月 10 日于坦佩雷

序　二

　　自 1999 年高等教育大扩招以来，我国高等教育系统一直在进行重大的变革和重构。20 多年的时间，我国高等教育系统由最初的以学科教育为主、以学术研究型大学为引领的单一系统逐步分化出新的轨道，即通过产教融合、校企合作来培养应用型人才的新轨道，高等教育呈现双轨系统。大专层次的高职教育、应用型本科教育以及研究生层次的专业研究生教育，成为新轨道、新系统的重要组成部分。

　　围绕新系统的形成和发展演变，我同北京大学教育学院、北京大学教育经济研究所的一些同事和感兴趣的博士生组成较紧密的研究团队，在过去的 10 多年持续进行跟踪和伴随式的研究。从 2009 年开始，我们就特别关注大专层次院校如何从"普通本科的压缩式饼干"脱胎换骨，以服务为宗旨、以就业为导向，通过产教融合、校企合作培养与企业"无缝"衔接的高素质技术技能人才。这项研究得到教育部人文社会科学重点研究基地北京大学教育经济研究所的重大项目"高职院校组织转型、培养模式改革与毕业生就业能力提升研究"（课题号：12JJD880003）的支持。我所在的研究团队，包括青年教师、博士后、全日制博士生和在职博士生（EDD）围绕该项目开展了大量的研究工作，发表了系列文章，探讨了高职院校的组织转型、人才培养模式变革与毕业生素质能力变化以及这三者的关系。

　　2010 年后，随着我国产业结构转型升级，在国家强有力的政策引导下，一些地方普通本科院校开始向应用型转变。2013 年上半年，教育部明确提出新建本科院校向应用型转型。2015 年 10 月，教育部、国家发展改革委和财政部联合发布《关于引导部分地方普通本科高校向应用型转变的指导意见》，地方普通本科院校转型发展和应用型院校建设成为高等教育发展的重要任务。2015 年底，我承担了国家社会科学基金重点课题"地方高校转型发展研究"。在课题研究中，我们研究团队深深地认识到：地方高校转型的核心是人才培养模式的变革，这是判断地方院校是否真转型的试金石；要实现人才培养模式的变革，关键在于能否建立产教融合和校企合作的平台与机制；要把人才培养模式真正建立在产教融合和校企合作上，必须进行高校的组织制度变革，以组织制度变革引领和支撑培养模式变革；学生的发展特别是能力与素质的变化以及就业的表现既是转型结果，也是判断转型效果的重要依据；不同于高职院校的转型发展，应用型科研在地方高校的转型中具有重要的意义。应用型科研是高校进行产教融合校企合作的桥梁和纽带，借助于应用型科研，学校、院系、专业和教师才能够与行业企业形成很好的融合；同时，应用型科研也是本科生培养应用能力的重要载体。因此，地方普通本科高校教师的科研定位和科研方向转为应用型不仅是地方高校转型发展的重要内容，在一定程度上还起着高校转型推手的作用。

在我国高等教育分类发展特别是地方高校向应用型高校转型发展的过程中，我们对欧洲国家借鉴较多。从国际看，应用科学大学的发展以欧洲模式为典型，是欧洲国家高等教育系统中与研究型大学并列的"第二部门"，也是高等教育双轨体系的重要一轨。德国在 20 世纪 60 年代开始大力发展应用科学大学，为社会经济发展培养了大量应用型人才，促进了德国的复兴，因此应用科学大学被称为德国第二次世界大战后经济迅速发展的"秘密武器"，德国应用科学大学的成功也使其成为欧洲此类大学的代表。自 20 世纪 90 年代以来，应用科学大学在北欧各国迅速发展。特别是进入 21 世纪以来，欧洲国家的应用科学大学开始承担许多应用型科研的任务,逐步成为欧洲国家区域经济发展的重要力量,部分应用科学大学已成为教学、科研并行的高等教育机构。

我国应用型高校的发展历史并不长,许多新建本科高校还处于向应用型转型的过程,已完成转型的地方高校也还处在转型的深化阶段,对于应用型教学和应用型科研的开展及对应用型人才的培养还需要不断探索,因此欧洲国家应用科学大学的发展经验和发展趋势就更值得我国地方高校关注和学习。我们课题研究团队将欧洲国家特别是应用科学大学发展较晚但发展势头较好且与国内有着深入交流的北欧国家作为重点研究对象。课题组主要成员井美莹博士勇挑重担,承担了这一研究任务。

井美莹博士是开展这项科研任务的最合适人选之一。她供职于国家教育行政学院,长期从事高等教育国际合作与交流,具有丰富的国外工作和学习经历。她曾作为外交官在英国工作多年,也曾赴悉尼大学访学,还受到国家留学基金委资助赴芬兰坦佩雷大学研修。这些经历为她的博士学习和学术研究提供了广阔的国际视野。她博士论文关注的应用科学大学的发展问题,就缘于她对工作实践的思考。井美莹博士是国家教育行政学院承担的"千名中西部大学校长海外研修计划"项目负责人之一,她在项目实施过程中发现我国中西部大学在向应用型转型中普遍面临政策和实践的挑战,这使她对应用科学大学这一类高等教育组织的生成和发展产生了浓厚兴趣。

井美莹在北京大学教育学院攻读博士学位时,我是她博士学位论文指导组的教师,积极鼓励她研究欧洲应用科学大学,并邀请她加入我所主持的国家社会科学基金重点课题"地方高校转型发展研究"。在研究过程中,美莹与我带领的研究团队一起,先后到贵州、云南、湖南等多个省份对地方高校转型发展进行实地调研。她作为"地方高校转型发展研究"的"国际比较"子课题负责人,聚焦欧洲国家应用科学大学开展研究，并以芬兰应用科学大学科研功能的制度化为她博士学位论文的选题。这本书是井美莹同学在博士学位论文基础上完善而成的，也是国家社会科学基金重点课题研究成果的重要组成部分，与已出版的著作（吴红斌：《地方本科院校转型与学生发展》，社会科学文献出版社，2020）；郭建如等：《中国地方高校转型发展的逻辑》，社会科学文献出版社，2022；刘彦林：《组织转型与新建本科院校教学科研变革》，中国社会科学出版社，2022）共同构成国家社会科学基金重点课题"地方高校转型发展研究"的完整研究系列。

这本书以芬兰两所典型的应用科学大学的科研发展实践为案例，从组织创新的视角，以组织学的合法性理论、权变理论以及制度企业家理论为基础，构建了组织创新制度化的分析框架，对芬兰应用科学大学科研功能确立的制度动因、科研组织模式的演变机制，以及科研组织创新制度化的过程进行了分析。作者在研究过程中，两次赴芬兰对案例高校进行了实地调研，通过访谈、现场考察以及查阅档案等途径获取了丰富的一手资料，完整地呈现了应用科学大学科研功能发展的各个阶段及其特征，探讨了多重环境如何影响后发高等教育组织内部新功能的确立、组织机构的分化和组织新功能的制度化。

这本书为理解芬兰应用科学大学科研功能确立和科研组织发展提供了新颖的分析框架，通过对芬兰应用科学大学发展历程的梳理，厘清了应用科学大学的人才培养目标、教学与科研的关系以及应用科学大学与政府、欧盟、地方、研究型大学以及企业的关系，这对于我国地方高校的转型发展和应用型高校建设有着重要的参考价值。尽管国内不少地方高校将欧洲应用科学大学作为发展的参照目标，但国内学术界对于欧洲国家应用科学大学的深入研究还不多，获得的资料往往是碎片化的，一些认识甚至是来自道听途说的信息，难免存在以讹传讹的现象，给学术研究和实践带来了很多困惑。这本书是基于作者丰富的田野调查完成的案例研究，相信这本书的出版会对国内学术界和实践界真切地了解国外情况起到重要作用，也特别期待有更多的学界同人关注国外应用科学大学的经验和发展趋势，关注国内的地方本科院校向应用型转变以及应用型院校建设的重大实践，并以扎实的研究成果更有效地指导实践。是为序。

郭建如

北京大学教育学院教育管理与政策系、

北京大学教育经济研究所教授

2022 年 10 月于北大燕园

前　言

在知识经济时代，应用科学大学逐步发展成欧洲国家区域创新中的重要力量，部分欧洲应用科学大学从教学型大学转变为教学、科研并行的高等教育组织。在创新驱动发展的区域环境下，应用科学大学发展科研功能的动因是什么？这些动因如何影响此类高校的科研发展过程及组织模式？新的科研组织模式如何在应用科学大学内部稳定下来？这些都是值得关注的理论问题，也是笔者作为一名高等教育管理者所关注的实践问题。本书以芬兰两所具有代表性的应用科学大学的科研发展实践为例，从组织创新的视角，以组织合法性理论、权变理论以及制度企业家理论为基础，构建了组织创新制度化的分析框架，对芬兰应用科学大学科研功能确立的制度动因、科研组织模式的演变以及科研组织创新制度化的过程进行了分析。

本书采用了质性研究的案例研究方法。在文献研究和历史分析的基础上，笔者通过访谈、现场观察以及档案分析等途径获取了丰富的一手资料。笔者两次赴芬兰对案例高校进行了实地调研，受访对象共计 19 位，包括校长、分管科研工作的副校长、科研处长、科研经理、项目经理、学位专业负责人、教师代表、校董会代表以及区域办公室代表等。同时，完成了观察日记、访谈反思报告和微分析备忘录，并结合理论框架对上述记录进行了梳理。

本书通过对两所案例高校科研发展及创新实践的分析，较为完整地呈现了芬兰应用科学大学科研功能发展过程以及各个阶段的特征，探讨了多重环境如何影响后发高等教育组织新功能的确立、组织机构的分化和组织新功能的制度化。具体有以下几项发现。

第一，应用科学大学科研功能的确立是组织在维系管制合法性的同时，追求认知合法性的结果。在不同的发展阶段，芬兰应用科学大学的合法性基础不同。管制合法性是其科研功能确立的前设条件和基础，而获得规范合法性是科研功能确立的标志。

第二，为了在动态的外部环境中维系和追求合法性，应用科学大学在不同阶段采取了不同的组织结构。在外部环境需求不强劲、制度相对稳定的条件下，应用科学大学选择了具有机械结构特点的院系科研模式；在外部环境动荡、需求多元的条件下，应用科学大学选择较为灵活的柔性组织结构，如矩阵模式和分离模式。

第三，应用科学大学科研组织创新的制度化取决于组织能动性。高校内部制度企业家能够基于创新的外部兼容性和内部收益性来发挥组织能动性，促成科研组织创新的制度化。

基于上述发现，本书在以下几个方面做出了一定的贡献。在理论方面，当前对应用科学大学科研功能的研究多停留在比较分析和描述层面，缺乏理论化的提炼与总结。本书从理论上提出了一种理解芬兰应用科学大学科研功能确立和科研组织发展的逻辑框架。研究提出，相比于研究型大学，应用科学大学属于后发的高等教育组织，其科研功能的发展属于一种组织实践创新。鉴于此，首先，本书以组织合法性理论、权变理论以及制度企业家理论为基础，构建了分析组织创新制度化过程的框架。其次，国内对应用科学大学科研功能发展的实证研究不足，本书尝试填补这一空白。在研究方法方面，本书采用了双案例研究方法。通过最大差异化目的抽样，选取了地区差异较大、科研发展规模和模式迥异、科研绩效差异较大的两所芬兰应用科学大学作为案例。案例分析中引入时间和空间维度，丰富了比较研究的内容，并利用双案例证据对相关结论进行了三角互证，提升了研究的信度和效度。在实践方面，本书针对应用科学大学科研功能发展提出的逻辑框架以及对芬兰典型高校实践的总结，对我国正在建设的应用科学大学实践具有一定的启示。

　　本书尚存在一些不足。首先，研究内容和外部效度有待提升。本书重点分析了组织与环境互动中环境对组织实践的影响，尚未分析组织实践对环境的作用。本书基于芬兰两所高校的案例研究结论在中国高等教育环境中的适用性有待进一步检验。其次，研究对象有待拓展。本书的访谈对象以院校领导和科研骨干为主，尚未包括芬兰企业界和中央政府等关键利益相关者代表。最后，多种理论的融合有待深化。本书采用多个理论视角对案例进行了分析，囿于笔者的能力，有些理论的运用还较为生硬，需进一步反思与深化。

第一章　应用科学大学的科研使命

第一节　欧洲"非研究型"大学的科研使命

一　欧洲应用科学大学科研发展动因

哈佛前校长德里克·博克（Derek Bok）认为，在知识经济时代，"大学虽不再是象牙塔，但仍是一个强有力的社会机构，且有能力去适应已经变化了的环境。"应用科学大学，也称多科技术学院，是高等教育适应社会经济发展需求的产物①。作为一种与研究型大学并行、后发的高等教育组织，应用科学大学最早发端于 20 世纪中叶的英国，此后在欧洲大陆蓬勃发展（Kyvik et al.，2010）。欧洲应用科学大学大多是由高职、高专院校升格合并而成，在建立之初，大部分是以技能型人才培养为主的"纯教学型高校"（Maassen et al.，2011）。

作为非研究型大学，欧洲应用科学大学的兴起与高等教育大众化压力有关，是为了满足公众社会对高等教育的超额需求（Teichler，1998）。20 世纪中后期，欧洲高等教育经历了一场深刻的结构变革，大多数欧洲国家建立了"第二类"高等教育部门——应用科学大学系统。

---

① 我国学者多将 University of Applied Sciences 译为应用科学大学。

除意大利、西班牙等少数国家外，其他欧洲国家均建立与大学系统并行的"双轨制"高等教育体系（Lepori，2008；Kyvik et al.，2010）。这些变革的产生与 20 世纪中后期欧洲各国的经济发展有直接关系（孙诚，2014），是"后福特主义"经济发展模式对高技能人才需求的结果（刘教民，2013），是经济结构调整和产业升级的需求，也是国家创新战略的驱动、社会就业机构变化以及完善教育体系机构的内在要求（李建忠，2014；孟庆国，2014；Lyytinen，2011）。

总而言之，应用科学大学建立之初多为教学型高校，其使命是培养区别于研究型大学的应用人才。但是，这种将应用科学大学建设成为教学型高校的目标在欧洲大多数国家基本没有实现。在建立并发展 10 余年后，欧洲应用科学大学普遍确立了科研功能，以服务人才培养和地方发展。尤其在芬兰、瑞士和挪威等多个国家，政府通过立法，确保应用科学大学能够发展科研功能，以服务教育教学、提升技能人才培养质量、服务区域发展和产业的技术改造（Kyvik et al.，2010），应用科学大学成为"区域经济引擎"（杨钋等，2015；王朋等，2020）。

作为非研究型大学，应用科学大学为什么会发展科研功能？学界从多个层面给予了解释。

首先，有学者从社会经济发展的宏观层面进行了讨论（Lepori，2008；Kyvik et al.，2010），认为欧洲知识经济的发展推动了应用科学大学内部科研功能的确立和发展。21 世纪初期，全球高等教育经历了危机期和转型期，这一时期的欧洲高等教育也经历了根本性的变革。2000 年欧盟里斯本峰会强调了高等教育作为"知识欧洲"的核心作用（Gornitzka et al.，2007），认识到"知识三角"（教育、研究和创新）对欧洲经济竞争力和社会凝聚力提升的重要性（Kyvik et al.，2010；Lyytinen，2011；Maassen et al.，2012）。在这一思潮的推动下，各国开始重视应用科学大学科研功能的发展及其在促进和发展知识经济中的作用。

　　其次，有研究从高等教育系统内部的"学术漂移"角度来解释应用科学大学发展科研的动因。此种观点认为，应用科学大学发展科研是由高等教育系统中的学术力量主导、自下而上、自愿自发的学术漂移或"模仿同型"驱动（Kyvik et al., 2010）。根据 Burgess（1972）的定义，学术漂移是指非大学教育机构在学术活动上向大学靠近的一种倾向和趋势。基于 Neave（1979）对学术漂移的三个分析水平的划分，Kyvik（2007）将应用科学大学的学术漂移划分为六种类型，即学生漂移、教师漂移、课程漂移、机构漂移、部门漂移和政策漂移。Griffioen 等（2013）基于讲师和管理人员对所在机构研究目标的偏好，实证分析了荷兰非大学高等教育机构中教职员工的学术漂移现象，研究表明，尽管个人研究偏好与组织或教学行动只是松散关系，但讲师和管理者的偏好依旧能够反映非大学高等教育机构的学术漂移倾向。

　　在对应用科学大学学术漂移的讨论中，被学界频繁引用的是 Kyvik 等（2010）的研究成果《大学系统外的高等教育机构科研功能发展》①。该研究对德国、芬兰、挪威、捷克、比利时、瑞士、荷兰以及冰岛 8 个欧洲国家应用科学大学科研发展情况进行了较为系统的介绍及分析。研究提出，应用科学大学发展科研功能是一种研究漂移（Research Drift）。研究漂移的发生是应用科学大学为了缩小与研究型大学之间的距离而对研究型大学进行模仿，也是为了加强其职业培训的科学基础。研究漂移的产生受到国家、国际组织、社会利益相关者以及学术团体等外部关键行动者的需求推动。

　　最后，有研究从国家政治层面解释应用科学大学发展科研功能的

① 该书为 *The Research Mission of Higher Education Institutions outside the Unviersity Sector*，由欧洲应用科学大学联盟（UASNET）组织编撰。

动因，认为其受到政府主导的、自上而下的、通过立法实施的强制性"政治影响"的驱动。政府因经济发展需求，需要应用科学大学生长出有别于研究型大学科研的研究类型（Lepori，2008；Maassen et al.，2012；Andriessen et al.，2017）。国家认为应用研究更适合区域经济和职业教育发展的需求，因此要求应用科学大学发展科研功能，并通过立法或政策鼓励其与中小企业开展合作（Pratt，1997）。非研究型大学发展科研功能会导致高等教育系统出现分层和功能分化。因此，政府为了促进高等教育体系的多样化，要求应用科学大学发展科研功能（Parry，2003；Lepori，2008）。

此外，也有少数学者在分析应用科学大学在"国家创新系统"的作用以及在"国家科研系统"中的作用等议题时，在特定国家背景下，对应用科学大学科研的作用、地位以及科研功能发展的动因进行讨论（Lyytinen，2011；王朋等，2020）。

二 欧洲应用科学大学科研发展：概念及现状

1. 有关科研的界定和分类研究

科研的概念有广义和狭义之分。广义的科研是指科学技术研究，即人们探究自然界和人类社会并寻求规律的过程和结果；狭义的科研是指具体的科学研究活动，即认识世界的过程。目前学界对科研比较权威和通用的分类依据有三种。

第一种是经济合作与发展组织（OECD）的《弗朗斯科蒂手册》①。它将科研统称为"研究与实践开发"（R&D），具体定义为"系统性地开展创造性工作，以增加知识存量（包括人、文化和社会知识），

---

① 或译为《法城手册》（*Frascati Manual*），是 OECD 在各国研究科技发展与统计推动工作上出版的手册，其汇整先进国家之做法，并建议规定一致性的定义与操作方法，使研究发展统计得以在各国流通比较，成为目前各国比较科技潜力与国家竞争力一项有力的数据。《法城手册》也定义了关于研发调查的标准程序。

并利用这一知识存量设计新的应用"，并指出科研具有新颖、可创造、不确定、系统、可转让和（或）可复制的特点。基于这一定义，又将科研分为基础研究、应用研究和试验开发。基础研究是指为了获得关于现象和可观察事实背后的新知识而进行的实验或理论工作，没有任何特定的应用或实用目的；应用研究是指为了获得新知识而进行的原始调查，主要针对一个特定的实用目的或目标；试验开发是一项系统的工作，利用从研究和实际经验中获得的现有知识，对生产新材料、产品或新的工艺、系统和服务进行开发，或对生产工艺、系统或服务进行升级改造（OECD，2015）。

第二种是斯托克斯（Stokes，1997）提出的巴斯德象限模型（见图1-1）。斯托克斯根据科学研究的求知属性和应用属性，将科学研究活动划分为四个象限：第Ⅰ象限属于纯理论研究的科研活动，该研究活动与以波尔（Bohr）为代表的原子物理学家所从事的研究活动相似，故被称为波尔象限；第Ⅱ象限被称为巴斯德象限，该研究活动的特点是应用目的激发的基础研究；第Ⅲ象限是追求应用目标而不寻求全面解释科学现象的纯应用研究，与爱迪生所从事的研究相吻合，故被称为爱迪生象限；第Ⅳ象限特指为了系统地探索特殊现象的实际社会应用的研究，被称为皮特森象限。该象限模型的分类法从根本上解释了科学与技术的关系。同时，他通过对"应用目的激发基础研究"重要性的认识，进一步证明了科研活动的连续性和不可分割性。

第三种是吉本斯（2011）提出的知识生产模式（见图1-2）。其中，知识生产模式2的重要特征是强调按知识使用者的要求生产知识。与知识生产模式1相比，知识生产模式2的知识生产场所已从大学转移到了应用环境中。在模式1中，知识以学科和等级划分；在模式2中，知识多为跨学科且流动性强。模式1中的知识是同质和自治的，模式2中的知识是异质的、自发的，具有社会责任和反思性（Delanty，2001）。

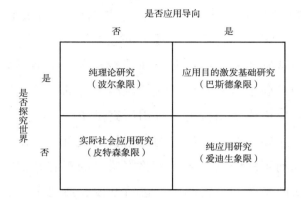

图 1-1　巴斯德象限模型

资料来源：笔者根据 Stokes（1997）整理。

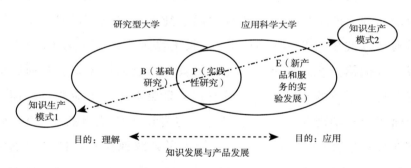

图 1-2　知识生产模式

资料来源：笔者根据井美莹等（2016）整理。

2. 应用科学大学的科研内涵

欧洲大部分国家应用科学大学的科研功能是在 2000 年"里斯本战略"发布后逐步确立和发展起来的（Kyvik et al., 2010）。虽然欧洲的高等教育享有高度学术自治，但在国家管理结构中，大学依旧是政府系统的一部分。国家通过制定科研发展纲要、配置科研经费、进行科研职业岗位规划等措施来推动大学科研的发展（Lepori et al., 2010），激励并促进应用科学大学的科研为地区发展服务，为教学水平和职业实践能力的提升服务。

因国情和发展阶段不同，欧洲不同国家应用科学大学的科研内涵差异明显。荷兰应用科学大学的科研活动是一种工艺设计和开发，是实践导向研究或设计研究，而不属于一般意义上的应用研究，在分类上属于知识生产模式 2（de Weert et al.，2009）。德国应用科学大学的科研活动与企业联系紧密，因此更侧重"技术转移"或"知识转换"（Kyvik et al.，2010）。

3. 科研定位与任务

在欧洲一体化政策的影响下，欧洲应用科学大学普遍作为"知识欧洲"建设的重要行动者，在区域发展中扮演关键角色。

首先，应用科学大学的科研服务于区域发展。欧洲各国政府支持应用科学大学科研服务于区域发展的政策实践略有差异（Jongbloed et al.，2008）。比利时于 1997 年出台法案通过创新署拨付特定的经费来指导应用科学大学开展应用研究，支持和扶植应用科学大学与私企合作。荷兰通过对应用科学大学提供特殊的科研补贴，促使其成为区域创新系统的主要行动者。德国和芬兰的主要政策是激励应用科学大学为区域提供培训服务并提升当地创新氛围，两个国家都鼓励应用科学大学进行技术转移，尤其是开展服务于中小企业的技术转移。

其次，应用科学大学的科研服务于教学及职业实践能力的提升。所有学生，无论是在大学或非大学机构注册，都应通过间接或直接途径从积极的科研和学术文化中受益。应用科学大学科研对于教学的提升体现在四个方面，一是促进教师的教学，二是提升学生的学习能力，三是提升工人的职业实践能力，四是能够促进知识的生产和转移。从各国的政策来看，更多强调科研对教学的支持，对于职业实践能力的提升着墨不多（OECD，2015）。

4. 科研经费配置政策

从国家的角度来看，经费配置是引导大学实现特定政策目标的有效手段之一。同时，经费配置机制对大学的使命和功能理念也有规范效用，如教育和科研的关系以及应该进行何种研究。经费配置机制也会塑造国家与大学之间的关系（Jongbloed et al.，2008）。欧洲各国政府正在逐步改变过去运用详尽的规章制度和垂直预算制度来限制和规范大学行为的做法，而更倾向于通过制定宽松的经费配置规则，给大学更多的战略和管理自主权，以激励大学更好地实现政策目标（Ferlie et al.，2008）。

欧洲各国在经费配置机制上，多采用公式化拨款方案。在具体实践中，不同国家机制略有差异。大部分国家在经费配置上，对应用科学大学和研究型大学有明显的区分。对应用科学大学的经费资助最初主要是基于学生数量的教育经费拨款，近年来，各国逐渐采取绩效拨款模式。如芬兰自 2014 年起，实施基于学位数量的绩效拨款形式。有的国家通过不同的专项政策激励和刺激科研的发展，如荷兰设立了专项经费（约占总核心经费的 20%），用于应用科学大学的专职讲席教授（Lectorates）的聘请和培养项目（de Weert et al.，2009）。德国的情况比较复杂，核心经费通过各州分配到不同的应用科学大学，而且各州做法各异。总体来说，也是采用拨款方案，一般要求在核心经费之外，需有一定的经费（主要来自第三方资金）用于科研活动。瑞士应用科学大学在建立初期就被赋予科研的功能和使命，因此核心经费中有明确的科研经费列项，同时瑞士创新署设立了专门的项目，激励并推进应用科学大学开展科研（Lepori et al.，2010）。

5. 科研队伍建设

对大多数应用科学大学来说，科研是新的使命，因而对学术人员科研能力的要求也是一个新的领域。大部分学术人员以教师身份聘任，其主要任务和使命是教学，而没有考虑科研的需求。应用科学大学学术人员的晋升路径也不同于传统的由博士研究生成长为学术骨干的方式，应用科学大学多数学术人员拥有本学科的教学型（非研究型）硕士学位，并没有从事科研的经历。即使是专业型硕士学位，如护理、媒体、艺术设计、农业、社区工作等专业，科研也是刚刚起步。对于应用科学大学来说，要发展科研，人力资源永远是个挑战。

政府对大学科研的干预和引导的手段之一是制定有关学术人员职业要求和晋升路径的政策，包括学术人员科研工作量的规定、科研水平的评价以及晋升标准的制定等。在大多数欧洲国家，尚未为应用科学大学学术人员的职业晋升设立清晰的标准或路径。如德国和捷克，对晋升为教授或高级讲师的限制条件非常苛刻，因而影响了年轻教师的晋升通道；在葡萄牙和爱尔兰，教师的职级和晋升程序由政府和国家经过协商确定；在爱尔兰，要获得高级讲师以上的晋升，必须离开教学或者科研岗位，担任院系主任等管理职务。诸如此类的限制和缺乏学术上升通道的现实，进一步加大了应用科学大学吸引和保留优秀学术人员的难度（Taylor，2010）。相比之下，挪威在这方面的政策和做法较为合理。挪威的政策是为研究型大学和应用科学大学的学术人员提供同等的晋升通道，即依据科研能力来评定学术职级，包括教授身份（Olsen et al.，2005）。

6. 院校科研发展实践

在大学自主权不断提升的时代，院校级战略规划越来越发挥主体作用。广义的院校科研规划是指对院校需要达到的科研目标的界定、为实现目标而需要进行的科研活动和手段的描述和规划。

为了回应国家的科研策略和政策，欧洲大部分应用科学大学倾向于制定独立的院校科研战略规划，或将有关科研发展规划的内容纳入院校整体发展规划（Välimaa et al.，2010）。院校科研规划一般包含两部分内容：一是对于外部期待的回应，包括国际趋势、政府政策、地区需求和学术同行的知识生产等；二是界定优先领域，识别出结构性挑战，提出组织的应对行为。爱尔兰应用科学大学的结构性挑战主要体现为繁重的教学任务、落后的科研管理基础设施，以及知识产权管理开发、种子基金管理、科研管理费用、培训等工作，与外部伙伴的合作也是重要挑战之一。de Weert 等（2009）分析指出，荷兰应用科学大学受国家科研政策的激励和影响，会积极制定各自的院校科研发展规划。大部分规划的内容反映了应用科学大学的科研特点：一是基于职业实践需要的科研举措；二是科研应该与教学的质量和创新相适应，并促进教师的职业发展；三是科研应该以实践为导向，专注于解决实际问题，并加强与外部伙伴的合作。挪威的教育科研部指导大学制定院校战略规划（Larsen et al.，2005），包括如何回应国家科研政策以进一步发展自己的科研实力、如何为区域发展和职业实践服务、如何提高科研质量和能力、如何筹集科研资金以及如何与国内国际科研机构合作等。Kyvik 等（2010）研究发现，大多数应用科学大学的科研规划在行文结构、目标和指导原则方面与国家科研战略基本类似，这也是学校在象征意义上对国家政策的一种回应。

第二节　芬兰高等教育的历史选择

一　芬兰应用科学大学的欧洲基因

芬兰应用科学大学的发展与欧洲其他国家应用科学大学的演进一脉相承。首先，从创建目的上看，都是扩大本国高等教育系统规模，实现教育大众化，服务区域经济发展。其次，从发展进程上看，都受到了欧洲一体化的影响。其中，博洛尼亚进程和里斯本战略对芬兰应用科学大学科研功能的确立和发展发挥了正面影响。

博洛尼亚进程旨在提升欧洲高等教育系统的质量和认可度，从而提升欧洲高等教育的国际竞争力。博洛尼亚进程统一了欧洲高等教育学位结构（学士、硕士、博士），实现了学分转移和累计制度的互相

承认（ECTS），建立了欧洲高等教育领域质量保证标准和准则
（ESG）等。博洛尼亚进程的推进对芬兰高等教育的直接影响体现在
三个方面。一是采用综合学位制，即学分与证书相结合。二是施行统
一的学位结构，即采用两个学位周期，第一个周期是三年或四年的学
士学位，第二个周期由硕士和博士学位组成。三是在欧洲高等质量保
证体系框架下，芬兰通过与欧洲质量保证协会（ENQA）合作，建立
了芬兰高等教育质量保证委员会。博洛尼亚进程带来的这几项改革同
样影响了芬兰应用科学大学的发展。芬兰应用科学大学于 2005 年开
始施行硕士学位教育。这项改革旨在提高高等教育质量，推动芬兰高
等教育评价系统的建立。

里斯本战略旨在将欧盟发展成为世界上最具竞争力和最具活力的
知识型经济体，解决欧盟生产力低下和经济增长停滞的问题。在里斯
本战略的推动下，许多欧洲国家将应用科学大学系统在知识经济中的
作用提上了政治议程，进一步显现了应用科学大学科研活动的重要性
和必要性。OECD 的"重新界定高等教育（1998 年）"报告指出，当
前已经很难将科研置于应用科学大学系统之外，并不是因为科研能够
很好地支持教学活动，而是因为高等教育科研能够在某种创造性的知
识探索中创造价值，这种价值创造在基础研究和应用研究中都存在。
随着各国应用科学大学系统规模的增大，具有科研能力的研究人员增
多，许多政府和区域利益相关者都认为应用科学大学应在国家科研体
系中发挥重要作用，其科研功能应该与研究型大学的科研处于"平
等而不同"的地位，即具有同等的法律地位、不同的社会使命
（Välimaa et al.，2008）。

综上所述，在欧洲高等教育一体化的进程中，作为欧洲高等教育
以及欧洲应用科学大学系统的一个分支，芬兰应用科学大学确立和发
展科研功能成为必然。

二　芬兰应用科学大学的价值起源

芬兰应用科学大学作为芬兰高等教育系统不可分割的一部分，承载着芬兰高等教育的传统和基因。因此，有必要从其所处的高等教育系统的历史入手，来分析应用科学大学的科研发展，以探寻其价值起源。

与欧洲其他国家不同，芬兰的高等教育系统建立较晚，建立之初便呈现出清晰的民族教育烙印，成为国家和社会福祉的缔造者。芬兰高等教育发端于 1640 年，其标志是在图尔库建立的皇家学院。这一时期大学最重要的功能是促进文化发展、为教会培训牧师、为"王子"培训公仆。在俄罗斯统治芬兰期间，唯一的大学是赫尔辛基大学的前身——帝国亚历山大大学。作为新兴的民族国家的摇篮，该校在发展社会智力、政治和文化方面发挥了主要作用。进入 20 世纪后，随着工业化和社会现代化的发展，芬兰的高等教育得以蓬勃发展。

从最初起源到第二次世界大战，芬兰的高等教育一直奉行精英教育，高等教育规模长时期处于较低水平。第二次世界大战后，高等教育逐渐向大众高等教育方向扩展。到 20 世纪 80 年代末，大学遍布芬兰各个地区。20 世纪 90 年代芬兰开始建设应用科学大学系统，"双轨制"的高等教育系统在芬兰正式形成，加速了高等教育普及化进程。2008 年，大约 65% 的适龄学生在完成大学入学考试后的两年或三年内接受高等教育，芬兰高等教育进入普及化阶段。

芬兰高等教育的扩张与发展也与福利国家的建设目标密切相关。1960~1990 年，教育机会均等是福利国家建设的主要内容之一。芬兰高等教育的扩张得到了"平等主义"政策的支持，尤其是旨在推动全国所有区域平等发展的区域政策的支持。在这一政策背景下，芬兰全社会都致力于为芬兰公民提供平等的教育机会，无关乎其性别、社会经济地位或所处的地理位置。这一重要的社会价值观深植于芬兰社会，主导了 20 世纪后期芬兰高等教育的发展（Välimaa et al.，2008）。对一个区域来说，建立一所大学不仅具有象征意义，而且在文化和经济上对该区域发展也很重要。事实上，这一政策在促进国家发展方面取得了成功，拥有高等教育机构的地区支持了以知识为基础的区域经济增长。

　　20 世纪 90 年代兴建的应用科学大学系统有效地弥补了这一缺憾，形成了在芬兰所有区域都至少有一所高等教育机构的空间布局。因此，应用科学大学系统也成为"福利国家"的重要缔造组织之一。X 校可持续社会福祉领域科研主任在受访中谈道："如今，人们谈论最多的是高等教育对地区的影响或有效性问题。建立应用科学大学主要是从地理位置考虑的，是为了全国各个地区都有高等教育机构。因此，应用科学大学的使命是要服务于当地的需求。"（X-RD1-SW，P2，L46-49）①

　　总体而言，自第二次世界大战以来，"平等"理念深入芬兰社会的各个方面，也是国家追求的政策目标。在高等教育领域，奉行"平等主义"使芬兰在教育入学均等方面取得了显著成功，也使高等教育机构广布于各个区域。截至 2021 年，芬兰拥有公立大学（包括艺术学院、商学院和技术大学）13 所，在校学生（学士、硕士、博士、科研生）约 15.8 万名；应用科学大学 24 所（其中教育文化部管辖 22 所），在校学生约 14.2 万名，同时还有 12 家科研机构，高等教育总支出占芬兰 GDP 的 1.8%（包括研发活动），研发总支出占芬兰 GDP 的 3%。② 过去 10 年的高等教育改革对应用科学大学的发展产生了深远的影响，尤其是改变了应用科学大学科研发展的环境。

---

①　受访者编码后的数字依次为访谈资料文字实录的页码和所引用内容的行号。
②　资料来源：芬兰教育文化部网站。

三 芬兰应用科学大学科研发展现状

1. 芬兰应用科学大学科研的定义和分类

Välimaa 等（2010）认为，芬兰应用科学大学的科研活动更多是"适应性项目"，注重为区域提供培训教育服务以及引导学生通过完成论文参与到企业的产品开发和社会创新活动中。Maassen 等（2012）基于对芬兰应用科学大学科研活动的总体考察和评估，认为芬兰应用科学大学的科研一般包括研究、开发和创新。对于芬兰应用科学大学科研的分类，该研究认为并不能简单套用巴斯德象限或知识生产模式。大多数芬兰应用科学大学的科研具有"基于职场实践、用于职场实践"的特点。科研活动是解决职场实践问题的知识生产、方案、产品和服务，但也有部分应用科学大学在从事基于知识生产的基础研究。

2. 芬兰应用科学大学的科研定位和任务

根据《应用科学大学法案》，芬兰应用科学大学的任务是根据职场要求提供高等教育教学，并在准备专业专家任务时提供研究和艺术场所。此外，应用科学大学必须支持个人专业成长、研究与开发实践，这些研究与开发服务于大学教育、支持职场和区域发展，服务于区域内工业结构的应用研究与开发工作。因此，应用科学大学的使命强调了其与商业、工业和区域影响的联系。应用科学大学的科研功能是创造和创新商业、工业和公共部门所需的专门知识（Kotonen，2013）。2007~2012 年芬兰《教育科研发展规划》也同样指出，应用科学大学的主要任务是培养职场需要的高技能人才，同时开展应用研究，为地区、企业和教学服务。芬兰应用科学大学的科研还应扮演"中介角色"，衔接研究型大学基础研究与社会创新需求。应用科学大学科研人员不仅具备学术科研能力，而且具备丰富的职场工作经验和经历（Arene）①。

　　芬兰应用科学大学在芬兰国家科研协同创新系统中处于关键地位（见图 1-3）。芬兰国家科研协同创新系统由科研创新委员会统筹协调。教育文化部负责高等教育科研创新政策出台及执行。经济就业部负责国家级研究机构的创新政策出台及执行。国家技术中心（VTT）代表经济就业部统筹研究机构的科研创新活动。芬兰科学院代表教育文化部负责高等教育系统科研活动的质量监测和经费资助。芬兰国家商业促进局②在经济就业部的指导下，统筹企业有关公共科研活动。目前芬兰 2/3 的科研由企业完成。2014 年以来，芬兰政府更加注重研究型大学、应用科学大学以及企业间的合作③。

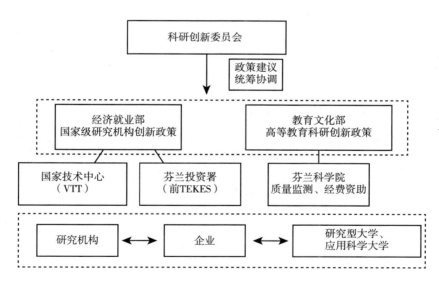

图 1-3　芬兰国家科研协同创新系统

---

① Arene 指芬兰应用科学大学校长联盟，于 2004 年创建。
② 芬兰创新署（TEKES）于 2018 年并入芬兰国家商业促进局。
③ Education and Research 2011-2016：A Development Plan，https：//minedu.fi/en/publications.

3. 芬兰应用科学大学的科研资助政策

芬兰采用政府与应用科学大学签订绩效协议的方式进行经费分配。协议中规定一定的数额用于科研活动（Välimaa et al.，2010）。Maassen 等（2012）在研究中指出，芬兰政府缺乏对应用科学大学科研性质的确切描述和专门的经费支持政策，造成应用科学大学在公共科研经费争取方面，与研究型大学和研究机构形成"不平等竞争者之间的平等竞争"。有的应用科学大学为了争取经费，将自己变成了研究型大学的"竞争对手"，即努力提升自己的基础研究能力。芬兰应用科学大学科研政策在 2014 年经历了较大变革：一是经费资助方式由地方政府拨款改为中央政府直接拨款；二是拨款标准改为绩效拨款。新的拨款模式中，除教育和培训拨款（85%）外，增加了对科研的独立拨款，占拨款总额的 15%。教育和培训拨款标准主要参考获得学位的学生数和修满 55 个学分的学生数之和，同时结合学生满意度、学生流动以及就业率等；科研独立拨款的标准基于成果发表、硕士生数量以及国际流动和外部资金。2014 年芬兰研发投资总额为 65 亿欧元，研究型大学和应用科学大学主要研发资金来自政府；在高等教育机构中，国家预算资金主要用于教育，小部分用于科研；国家竞争性公共资金通过芬兰科学院和芬兰国家商业促进局提供。

4. 芬兰应用科学大学科研队伍建设

应用科学大学所从事的科研活动大多基于多学科或跨学科背景，因此对科研人员的素质要求也与这一特性紧密相关，即科研人员必须具备很强的交际能力、创新能力（包括成果产出能力、商业化能力以及知识产权创造能力）、对未来发展趋势的预见能力。如果参与科研国际化方面项目，科研人员还需具备跨文化交流能力以及多种语言能力。应用科学大学的教师通常属于"多面手"，如某一领域的专家、教育者和培训者，教学法的开发者或领导者，学生职业发展和成长的导师，研究人员及开发者，项目或课题协调人员，社会网络专家及创造者，多文化的解释者等。

芬兰政府组织的一次评估报告显示，如何使科研人员将教学与科研有机整合在一起是目前应用科学大学面临的最紧迫组织发展任务之一。应用科学大学在过去 10 年普遍进行了教学法改革，通过这种教学法改革，学校能够有效地培养教师。2004 年，芬兰政府首次为应用科学大学的科研活动提供基于绩效的资助，绩效内容包括科研人员数、规模和基于科研项目的论文数，2007~2009 年又增加了出版物和每个学生参加科研活动学分。芬兰应用科学大学目前有科研人员 1348 人，占应用科学大学系统教职工的 14%。[①] 2014 年以来，随着科研在各个应用科学大学日益受到重视，各个大学倾向于通过引进高水平科研人员来提升科研水平。由于应用科学大学科研的独特属性，科研人员不仅要有多学科背景，还要具备一定的研究和工作经历，论文发表也是各个学校招聘教师参考的指标之一（Maassen et al.，2012）。

5. 芬兰应用科学大学院校层面科研发展实践

芬兰教育文化部（以下简称"教育部"）要求各高校在战略规划的制定中，要提出明确的努力方向和路线。为此，各高校首先提出院校核心领域（Focus Areas）。核心领域是各个高校基于本校所提供的教育领域并结合当地发展需求确定的核心科研发展领域。各个高校在识别并确定战略过程中，首先要分析院校愿景、使命，然后界定发展核心领域所需要的核心素质、技术以及知识。

大部分芬兰应用科学大学制定了单独的院校层面科研战略规划。有的学校即使没有院校层面的科研战略规划，也会在院校总体发展战略规划中包含科研内容。各个应用科学大学在发展科研方面"各自

---

① 资料来源：芬兰 2019 年数据，https：//vipunen. fi/en-gb/。

为政"，科研发展模式"形形色色"，有的是多层级联系紧密的科研活动和基础研究，有的是与科研不大相关的、被边缘化的、基于教学的开发活动（Maassen et al.，2012）。从院校层面来讲，应用科学大学普遍注重科研规模的扩大，而很少对科研的产出进行控制。科研管理的重点在科研项目的筹备以及提升经费的有效性上（Kajaste，2018）。

6. 科研与教学的关系

有关应用科学大学科研与教学的关系，芬兰《应用科学大学法案》明确表明，科研活动应服务于教学活动。这种"服务"强调的是将学生纳入科研活动，或者将科研的成果用于教学。从这一意义来说，芬兰的大部分应用科学大学的科研与教学是有机结合的。大部分学校强调，"科研活动是我们教学的一个有机组成部分，我们努力为学生开创一个与现实工作场所关联的学习环境"。具体形式有：将参与项目作为必修课，由学生自主申请；或者由项目经理到课堂上对有关项目进行宣传，以吸引学生参加。

除学生参与外，教师参与科研活动也被认为是一种科研与教学的结合。在处理教学与科研关系上，大部分学校规定科研时长占总教学时长的 10%~30%，个别学校规定可以将 40% 的时间用于科研活动。从教师的类别来看，老教师对参与科研活动积极性普遍不高，由于他们在应用科学大学工作时间太长，没有做科研的习惯，没有信心参与科研活动。从开展科研的类别来看，一般技术类的科研，大部分由学生完成，教师做一些指导；有关经营或管理方面的科研，大部分由教师完成。科研与教学结合的另一种形式是要求硕士生必须通过参与一定的科研课题或项目来获得一定的学分。

大多院校强调科研与教学的结合。根据学生参与科研项目的程度，不同院校采用不同的方法，如整合学习、探索式学习、做中学、开发中学习等。除此之外，也有院校将科研与继续教育相结合。以学生为主的科研项目是对群体研究活动的整合过程，即基于科研的教育活动，整合学生动脑和动手活动、社会互动活动、科研创新活动以及与社区和职场不同方面的知识分享和合作（Pirinen，2012），强调学生在开发中学习，在研发中学习（Ojasalo，et al.，2017）。

面向职业实践的科研活动的导向和性质需要对教育过程中的数据和结果加以利用，这就要求应用科学大学重视培养学生知识转化和创新的能力，途径之一是培养学生的创业精神。绝大部分芬兰应用科学大学已经将创业精神的培养作为科研活动的内容之一。大多数应用科学大学认为，在区域内大力推行创业活动、提升创业能力，是对科研战略的有效实施。有研究表明，新生代的企业家和创业者在激励学生创业中扮演了重要角色。一些应用科学大学将创业项目作为本校的科研活动之一，比较成功的例子包括塞纳应用科学大学承担的"芬兰高校学生创业意向调查"课题。该校通过这个课题，统计分析学生在学习过程中创业精神和态度的变化，有11家芬兰应用科学大学、5家国外高校参与了该课题。其他与创业相关的尝试是建立实验室或提供基本设施，用以孵化学生的创意。比如在坦佩雷应用科学大学，建立了PRO Academy，帮助学生进行创业实验。还有的学校鼓励学生在校园内创建一些餐馆或其他小的商业类型，如于韦斯屈莱应用科学大学的教师餐厅和来宾餐厅就是以企业的方式由学生经营并提供服务的。

本科学生与科研活动。将本科学生纳入科研活动的目的是提升学生科研能力，并为企业或公共事业培养具有一定素质和能力的毕业生。这一点与传统研究型大学不同，研究型大学由博士生或博士后来开展科学研究。应用科学大学的教育结构设计要求本科生具备一定的实践经历，比如要报考硕士，至少要有三年的工作经历。就本科生参与科研活动的方式来说，主要包括论文设计、实践培训、与课程相关的实践、参与科研课题或项目、与公司或企业合作、评估工作等。学生可以承担各种科研活动任务，如提供新思路、数据的收集和分析、报告撰写、模型的开发和测试、共同撰写学术论文、问卷调查、文献搜集整理、参加预研究相关活动或者跟进后续研究等。也有少部分学生可以参与产品的规划及设计、科研课题的设计及实施、开发新的设计方案等技术含量稍高一点的活动。在本科阶段，与科研相关的方法、设计、规划以及执行等的课程内容只占 3~5 学分，且大部分与论文相关，本科生参与实际的科研活动并没有学分。总之，本科生参与科研活动主要是一种"做中学"，即基于项目的学习方式。根据评估报告，学生们希望更多参与科研活动，而且能够在参与之前，多听取曾参与科研项目的高年级学生的经验分享和介绍。科研主任也持类似的观点，认为应拓展学生参与科研项目的广度和深度。但从实际情况来看，课程缺乏灵活度以及教师与学生的能力不足是本科学生参与科研活动有限的主要原因。

硕士生与科研活动。应用科学大学的专业硕士学位于 2002 年开始试行，于 2005 年正式在全芬兰各应用科学大学推行。应用科学大学的硕士学位具备成人教育和终身学习的特点，在结构上采用了正式的学位项目形式，学习内容聚焦某一科研课题，学习形式主要是学生在工作场景下进行课题研究，主要利用业余时间进行，以保证能够在学习期间参与到项目中。据统计，芬兰应用科学大学的硕士生在注册前，平均工作年限都在 10 年以上。以上几点是芬兰应用科学大学的硕士生项目在国际上的特色，也是芬兰应用科学大学发展专业硕士的初衷，即学生作为自己项目的主体，与有创新意识的教师和导师合作，在工作场景下，逐渐成为本领域的专家。芬兰应用科学大学硕士生背景的特殊性，使得应用科学大学与用人单位缺乏良性互动。最初，硕士生入学时被要求带着自己的科研项目或者与用人单位紧密相关的研究课题。在这种情况下，硕士生对学校本身的科研发展贡献很有限。目前，越来越多的应用科学大学倾向于将硕士阶段的教学与学校本身的科研战略结合。

7. 科研组织模式

Välimaa 等（2010）研究认为，芬兰应用科学大学根据自身需要，发展了多种多样的科研组织模式，大多数学校强调它们的科研与教学有关，或者它们会加强这种联系。许多学校声称科研是教学的一部分，因此与所有教育活动挂钩。一些学校设置科研单位（如创新中心、知识中心）来支持科研活动和项目；也有学校将科研职能内嵌到社会服务中心或开发中心，而实际的科研则以科研项目形式进行。所有学校都安排专人负责科研项目的管理或协调，他们被称为科研经理、项目经理、项目协调员或科研主任，并将科研与教学和学生论文相结合。

芬兰应用科学大学采取不同的科研发展策略，大致分为分离策略和整合策略两种。分离策略是指将所有研发活动集中于一个单独的科研机构，通过对科研项目的集中指导，增强科研活动的有效性。这一策略突出的特点是团队由有经验的管理人员和专业科研人员组成，不仅使资源使用更加高效，而且使项目发展和管理专业知识能够在高等教育机构实现迅速聚集。但这一策略可能出现的问题是，因为研究专家首先考虑的是自己的薪水问题，所以在争取项目资金时可能会以利益为导向而不是基于区域需要。整合策略与分离策略相反，这一策略目标是在院校层面建立促进科研项目的实施机制，并将教学发展与科研发展相结合。这种科研组织方式旨在针对区域发展"短板"，通过科研项目对其进行系统加强。这一策略的特点是科研活动由院校级机构指导，能够比较容易地将教师与科研项目结合起来，有助于维持院校课程开发和区域发展项目。但这一策略的主要问题是缺乏专职的科研团队，不能有效实现专家和专业知识的聚集，不能有效实现项目管理和专业知识的积累（Välimaa et al., 2010）。

第三节　有关应用科学大学科研发展的学术关切

一　问题的提出

学界在社会经济层面、国家政治层面以及高等教育系统层面对应用科学大学发展科研功能的动因做了比较广泛的讨论。从分析视角来看，现有文献大多从社会经济动因的角度展开，且多是静态分析，缺少从组织与环境互动的视角来分析组织实践的动态发展过程。从分析层面来看，既往研究多是采用国别研究或系统研究等宏观层面分析，缺少从组织或组织成员层面来进行深入分析。简言之，现有对应用科学大学科研功能发展动因的解释，尚未能将应用科学大学作为一种后发的高等教育组织，将科研发展作为组织实践创新进行分析，也未能在组织层面、在特定的应用科学大学内部，就科研功能发展的历程、组织化和制度化过程进行分析。

从现有文献对大学科研功能发展组织化和制度化的分析来看，学界主要关注研究型大学科研功能的发展。首先，部分研究从组织与环境互动的视角分析了政府对研究型大学科研组织发展的影响。刘凡丰等（2007）和祝贺（2015）分析了美国联邦政府和州政府对高校科研功能变迁的影响。其次，部分研究从创业型大学发展的视角考察了研究型大学转型为创业型大学过程中科研组织模式的变化（朱智怡，2013；陈霞玲，2015）。最后，有研究采用制度理论视角，对中国研究型大学的科研组织创新和跨学科组织发展进行了分析，关注高校内部科研组织的发育和转型，以及多校区建设中的院系科研和组织变革等（毕颖，2015；唐琳，2017；王思懿等，2017；陈平，2019；张凌，2020；燕山，2020）。由此可见，对高校科研功能组织化和制度化的讨论，多聚焦研究型大学科研功能的发展，缺乏对应用科学大学的讨论。

为了填补以上研究缺口，本书以应用科学大学这一新兴高等教育组织为研究对象，基于深入的案例分析，从组织创新的视角，分析应用科学大学发展科研功能的动因及过程。考察在这一过程中，组织如何通过内部变革来适应并应对环境压力，重点解释应用科学大学实现科研功能组织化与制度化的过程和影响要素。本书拟回答三个子问题。

（1）作为一个刚从高等职业学校转型升级为大学的"纯教学型"高等教育机构，在国家赋予其发展科研功能的法律合法性后，芬兰应用科学大学如何提升其应用型科研在社会上的认可度？

（2）围绕科研功能发展，芬兰应用科学大学在院校组织模式和架构上发生了哪些变化以适应科研功能发展的需求？哪些环境因素影响了高校科研组织模式的选择？

（3）在芬兰应用科学大学科研功能发展过程中，院校如何实现科研功能的制度化？哪些因素影响了院校科研功能的制度化？

为回答上述研究问题，本书以芬兰两所应用科学大学的科研发展历程为对象进行了分析。研究对象的选取基于以下四个理由。

第一，芬兰应用科学大学科研发展实践在欧洲具有典型性。与大部分西欧国家类似，芬兰施行了"双轨制高等教育系统"（Binary Higher Education System），并通过立法保障了应用科学大学与研究型大学平等而不同的法律地位。20世纪90年代，为了应对经济衰退，促进国家创新体系的建立，芬兰政府在高等教育领域开展了一系列重要的改革及实践，其中之一就是发展市场急需的技能型人才的应用科学大学。

第二，与多数欧洲国家应用科学大学发展历程类似，芬兰应用科学大学也是在建立十余年后，由政府专门立法赋予了其发展科研功能的使命。芬兰国会1995年颁布的《应用科学大学法案》规定，应用科学大学作为以职业为导向的教学型高校，与研究型大学具有"平等而不同"的使命与地位，即两者在法律上享有平等地位，在实践上拥有不同使命（杨钋等，2015）。2003 年修订后的《应用科学大学法案》明确提出，应用科学大学应开展应用研究、开发和创新活动、艺术活动，为应用科学大学的教育教学服务，促进工商业和区域发展，振兴区域产业。

第三，芬兰应用科学大学科研功能取得了长足的发展。应用科学大学已成为芬兰高等教育名副其实的"半壁江山"。截至 2019 年，芬兰有应用科学大学 25 所[①]，研究型大学 14 所。2019 年，芬兰研究型大学录取新生总人数为 27000 名，应用科学大学录取新生总人数为 40000 名，占新生总人数的比重高达 59.7%[②]。应用科学大学不仅为地方发展培养了大量的技能人才，更重要的是应用科学大学开展的与地区经济发展紧密相关的应用研究，有力地支持了地方新型产业的发展和传统产业的转型升级，成为芬兰国家和地区创新驱动发展的助推器（夏霖等，2019）。

第四，芬兰与中国高等教育系统有诸多相似之处。自 20 世纪 80 年代以来，两国的教育系统都从一个中央控制的系统过渡到使高校具有更多的自主权、引入市场机制的高等教育系统（蔡瑜琢，2012）。芬兰应用科学大学建立与中国地方高校转型类似，也经历了从高职、高专院校升格为大学的历程，都是由政府主导的。芬兰应用科学大学科研功能的建立与发展，与中国应用科学大学建设的倡导类似，都是以政府为主导、自上而下的改革行为。由于工作关系，笔者与芬兰有关校领导和学者相识，便于研究数据和资料的采集，使笔者较好地开展了相关研究。

---

① 芬兰共有应用科学大学 25 所，其中警察学院由内政部主管，其余 24 所由教育文化部主管。本书所涉及的应用科学大学的数据均不包括警察学院。

② http://www.tilastokeskus.fi/til/opiskt/2019/opiskt_ 2019_ 2020-11-26_ tau_ 002_ en.html.

二 章节安排

本书以组织创新为基本分析视角和逻辑主线，以组织合法性理论、权变理论和制度企业家理论为理论基础，梳理两所案例学校20多年的科研发展历程，揭示案例学校科研发展的制度动因、科研组织化和制度化的影响要素。本书重点关注在科研发展的过程中，案例学校如何发挥组织的能动性，积极应对国家政策和区域发展需求等外部环境变化带来的挑战，不断调适，探索与外部环境特征和内部组织特征相对契合的科研发展模式。本书在总结案例学校在科研发展过程中所取得的经验、所经历的困惑及其背后制度动因的基础上，对中国应用科学大学未来发展的制度设计和具体实践提出建议。本书内容结构如下。

第一章：应用科学大学的科研使命。本章从应用科学大学的建立以及发展科研的动因分析入手，基于对有关欧洲应用科学大学以及芬兰应用科学大学的科研发展概念、发展现状和学术关切的梳理，提出了本书的主要研究问题和内容。

第二章：组织实践创新理论概述。本章对组织创新理论、组织合法性理论、权变理论和制度企业家理论等有关"环境与组织创新"理论的基本定义和解释维度进行了梳理，构建了芬兰应用科学大学组织实践创新的理论分析框架，并对案例研究设计方法进行了解释说明。

第三章：芬兰应用科学大学科研功能确立：合法性追求。本章聚焦芬兰应用科学大学科研功能发展的外部动因，以两所案例学校为例，利用组织合法性理论，分析了国家、市场、学术界以及区域政府等应用科学大学外部关键利益相关者如何通过不同制度要素，赋予应用科学大学管制合法性、规范合法性以及认知合法性，阐明了应用科学大学只有获得规范合法性和认知合法性后，其科研功能才可能正式确立。

第四章：芬兰应用科学大学科研组织模式演变：组织权变。本章聚焦应用科学大学科研发展过程，通过对两所案例学校科研发展历程的描述，利用权变理论，分析了案例学校不同阶段科研组织模式演变，回答了科研组织的演变与其所在环境性质及特点的关系问题。

第五章：芬兰应用科学大学科研发展制度化过程：影响要素。本章聚焦应用科学大学科研功能发展的结果及其影响要素，通过对两所案例学校科研功能发展不同阶段外部兼容性和内部收益性的分析，总结出科研发展过程中的问题和挑战，重点讨论了两所案例学校如何积极发挥组织能动性，采取措施应对挑战和解决问题。

第六章：后发高等教育组织创新实践解释框架。本章总结了研究发现，将芬兰应用科学大学看作后发的非研究型高等教育组织，将其科研发展看成组织的实践创新，基于对两所案例学校实践创新的分析，提出了解释组织实践创新过程中组织与环境的互动机制。

第七章：他山之石　何以攻玉。本章聚焦中国应用型高校建设问题的讨论。一是对中国应用型高校建设的政策背景进行了梳理；二是从已有文献入手，对中国应用型高校的属性及建设路径进行了讨论；三是基于域外实践，尤其是欧洲和芬兰应用型高校的建设，结合中国"本科职业高校"建设目标，对中国地方应用型高校未来建设提出建议。

最后一部分是结语。

第二章　组织实践创新理论概述

第一节　环境与组织创新

　　本书的核心议题是应用科学大学科研功能的发展问题。应用科学大学实践活动由最初的教学与社会服务相结合的模式拓展为教学、服务及科研活动三位一体的新模式。这一拓展可被视为一种组织创新（Levine，1980）。组织创新的发展和存续受外部环境的制约。组织理论认为，组织创新要得以发展和制度化，需要不断得到外部环境的认可，即获得合法性。组织为了获得合法性，会适时调整组织结构或行为，以适应环境的要求或满足环境的需求。本节对组织创新理论、组织合法性、权变理论和制度企业家理论的基本定义和解释维度进行梳理，以为本书建立组织创新制度化过程的分析框架奠定基础。

一　组织创新理论

　　传统的创新概念一般指重大的改革、变革，激进的创新或重大的技术突破，如铁路、汽车或计算机的发明。但绝大多数创新是渐进的，是对现有要素的逐步改进或加入新的要素。Levine（1980）将组织创新定义为任何背离组织传统做法的行为，它可以由单个但重要的组织成员个体、整个组织社区或组织的外部机构触发。经合组织（OECD，2015）认为创新是实施一项新的或重大的改进产品（货物、服务）或过程，或者是在商业惯例、工作场所、组织或对外关系中采用新的营销方法或新的组织方法。显而易见，这一定义表明创新不仅与激进的技术变革有关，而且与渐进式的社会或组织改革直接相关。有学者指出，在知识经济时期，除了技术创新，越来越多的创新是有关组织形态和实践的创新，如新的组织解决方案、改进的问题解决框架或新的组织运营模式等（Lyytinen，2011）。

关于组织的创新过程，现有研究有多种描述（Rogers，2003；van de Ven，1986），但核心要素及基本框架与 Levine（1980）的一致。在该框架中，组织创新可以分为四个阶段：（1）认识到创新的必要性阶段；（2）规划和制定解决方案阶段；（3）实施创新计划阶段；（4）制度化阶段（Levine，1980）。由此可见，创新是一个持续改进的过程，即从创意产生开始，以商业化结束（Baregheh et al.，2009）。这意味着，创新只有在制度化的情况下，才能被视为成功。一些学者（Cai et al.，2016；Cai et al.，2015）进一步丰富完善了创新的制度化概念：制度化是一个内在的历史过程，在此过程中，随着时间的推移，组织经历一些事情，反映出组织自身独特的历史、组织里的人和群体、所创造的利益及其适应环境的方式。高等教育组织创新的成功制度化意味着正式制度和非正式制度的重大变革。正式制度表现为组织结构和组织使命，非正式制度表现为组织成员实践背后形成的价值观和规范。大学通常通过修改其任务陈述、推出新政策和建立新的机构，从战略上应对外部压力，如公共需求和政府授权，而大学内部活动结构在很大程度上保持不变（Krücken，2003）。

Cai 等（2015）和 Cai 等（2016）分析认为影响创新制度化进程的三个重要因素分别是收益性、兼容性和能动性（Cai，2017）。

收益性是指组织或者个人对创新结果或影响的认识。收益分为有形的收益如资金、事业发展机遇，或无形的收益如同行认可、声望以及生活质量的提高等（Levine，1980）。有的创新收益很难在短时间内得以显现，因此收益性也包括可能带来的潜在收益机会。

兼容性是指创新所承载的价值观、目标和规范等，或组织创新实践与外部环境需求和期待的契合程度。兼容性可以使组织获取环境中利益相关者的合法性支持。组织创新与组织外部环境的契合程度越高，越有可能实现制度化（Levine，1980）。

能动性主要是指创新的行动主体，即组织中扮演制度企业家的个人或集体在组织中进行制度创新、改变现有规则，从而推进创新发展和制度化（Battilana et al.，2009）。组织创新的引发者有可能是重要的组织成员，也可能是组织本身或外部环境中的其他组织。

二　组织合法性

组织要在社会环境中存续并不断发展，除了需要物质资源和技术信息，还需要得到社会的认可、接受与信任，即获得合法性（Scott，2001）。合法性概念最初由韦伯提出并引入社会学领域，此后，经过几代学者的演绎，其内涵得以不断演进。在韦伯的理论中，合法性与社会权威、统治以及政治制度等概念密切相关。第二位对合法性概念发展做出贡献的是帕森斯，他从文化制度视角对合法性概念加以拓展，认为作为社会子系统的组织，当其所追求的目标与更大的社会价值保持一致时即可获得合法性（吴重涵等，2010）。

新制度主义出现后，进一步发展了合法性内涵。迈耶等（Meyer et al.，1977）提出，组织通过采纳那些体现共同信念和知识体系、与被广泛接受的文化模型相一致的机构和程序，以获得合法性和支持。该观点将认知要素纳入合法性内涵。萨奇曼（Suchman，1995）将合法性界定为一般性的理解或者假定，即某个实体的行为在某一社会结构的规范、价值、信念或身份系统中，是合意、正当、恰当的。他同时指出，合法性是普遍性的评价，而不是就具体事件做出的评价，是被客观地拥有而不是主观地改造。Scott（1995）基于帕森斯（Parsons）对组织内部的三个层面（即技术层、管理层和制度层）的划分，认为在高度制度化环境中，组织的合法化过程是以制度上层结构为基础的技术核心和技术过程的深入。

1. 合法性来源

理论界关注组织合法性的来源，即什么样的社会行动者能够赋予组织合法性，通过哪些要素或维度来评判组织合法性。Scott（1995）认为，制度的三个基础要素——规制、规范和认知——能产生不同的合法性评判依据，以及不同类型的控制机制——规范机制、强制机制和模仿机制（Di Maggio et al.，1983），规制、规范和认知这三个要素能为组织带来不同类型的合法性。

关于合法性的来源，瑞夫等（Ruef et al.，1998）与第博豪斯等（Deephouse et al.，2008）的研究最具代表性。瑞夫等认为，合法性来自对组织进行观察并做出评判的所有利益相关者。这些利益相关者既包括组织内部的人员，也包括组织外部的人员。组织内部利益相关者包括组织成员，如高校内的董事会成员、管理人员、教师以及学生等，他们从文化和价值认知上对组织进行评判，强调惯例、理所当然和适应性，并依据对组织合法性的评判结果来决定参与组织活动的程度和动机。组织外部的利益相关者包括上级机构、标准制定者、经费提供者、证书颁发者、专业组织、知识分子、工会、商界、公众舆论及媒体等。由于外部利益相关者有不同的兴趣，他们评判组织合法性时使用的评判标准和指标也不同。

第博豪斯等进一步将合法性的来源概括为三个方面（Deephouse et al.，2008）。一是社会大众。包括标准制定者和证书颁发者，以及具有专业权威的个人和组织，如律师、会计师等。二是媒体。媒体对社会公众有很强的导向作用，它属于特殊的合法性来源。三是组织联盟。主要指具有很高声誉的组织之间的战略联盟或行业协会等。

2. 合法性分类

理论界根据不同的维度对合法性进行了分类，不同分类方法各有侧重（Aldrich et al.，1994；Ruef et al.，1998；Suchman，1995）。政治合法性是指符合法律和既定政治标准的合法性。在此分类的基础上，斯科特结合迪马吉奥等的观点，将政治合法性进一步细分为管制合法性（Regulative）和规范合法性（Normative），并纳入了迈耶等（Meyer et al.，1977）提出的认知合法性（张永宏，2007；斯科特，2010）。根据斯科特的界定，管制合法性的获得与韦伯的合法权威概念密切相关，需对组织的组织机制、行为规则和组织结构提供规范支持；规范合法性通过对组织的技术核心和标准提供的规范性支持而获得；认知合法性强调通过遵守共同的情景界定、参照框架以及被认可的角色模板或结构模板而获得。认知合法性是"更深层次"的合法性，它依赖于前意识，被视为理所当然接受的各种理解或认知框架。对于特定组织来说，究竟哪一个合法性起主要作用与其所处的组织环境中的制度要素紧密相关（Ruef et al.，1998）。

瑞夫和斯科特在其研究中对管制合法性和规范合法性进行了进一步论证和验证，认为不同的合法性具有不同的控制机制和评判依据，由不同的制度要素支撑（Ruef et al.，1998）。在此基础上，瑞夫和斯科特结合合法性的来源，对不同类型合法性的利益相关者进行了分类及界定。管制合法性的利益相关者一般包括上级机构、经费提供者、证书颁发者等，他们通过强制手段或理性规范为组织机制、行为准则和组织结构提供规范支持。规范合法性的利益相关者来自专业组织、知识分子、企业、公众舆论及媒体等，规范合法性为组织的核心技术和标准（包括人员任职资格、工作内容、程序、质量保证等）提供规范支持。认知合法性的利益相关者则包括组织内外所有的利益相关者，他们认为组织的价值、信念、结构、程序或文化等与广为认可的模型相一致，组织就具有合法性（Ruef et al.，1998）。

三　权变理论

权变理论认为组织是一个开放的系统，在生存和发展过程中组织要与其他组织发生联系，并受到所处环境的影响和制约。权变理论认为，组织的最佳组合方式与环境特点密切相关，当组织的内在特征与外部环境要求达到最佳匹配时，组织才能最好地适应环境。因此，不同环境会对组织提出截然不同的要求（Lawrence et al.，1967；Woodward，1965）。

环境是权变理论的核心概念，它包括组织情境中的技术、政治和制度（斯科特，2010）。环境包含两层含义：一是环境的"情境"特征，每个组织身处的环境不同，在解决每一个任务时所遇到的情境也各不相同；二是环境的主要内容，包括渗入组织的技术、政治与制度（刘松博等，2009）。组织结构是组织内部各有机构成要素相互作用的方式和形式，具体包括决策的分权与集权、管理幅度的确定、组织层次的机构设置、基层之间的信息沟通等。

权变理论认为，环境的性质与状态影响组织的结构（Lawrence et al.，1967；Woodward，1965；Child，1972；Luthans et al.，1977）。环境的动荡程度以及复杂程度直接影响组织结构。环境动荡程度是指与组织运行相关的环境活动的变化程度，可以用三方面的指标来衡量：一是环境活动变化的频率，二是环境活动变化的差异程度，三是环境活动变化的总体模式中的不规则程度。研究表明，环境越动荡，组织结构就越具有适应性。其特点是角色界定模糊，并可以不断地被重新界定，组织协调通过会议及大量的横向沟通来实现（Burns et al.，1961；Lawrence et al.，1967）。环境复杂程度是指与组织运作相关的环境要素和活动的异质性和范围。环境越复杂，组织处理环境多元问题的专业性越强，专家之间协调的问题也会越多（Lawrence et al.，1967）。环境的动荡程度和复杂程度引起环境的不确定性（见表2-1）。如果资源充足，环境的复杂程度并不直接提升环境的不确定性。

表2-1 环境的不确定性矩阵

环境	稳定	不稳定
简单	**单元1 低度不确定** 稳定的、可预测的环境要素少 要素有相似并基本上保持不变 对要素复杂知识的要求低	**单元2 中度不确定** 动态的、不可预测的环境要素少 要素有相似但处于连续变动中 对要素复杂知识的要求低
复杂	**单元3 中度不确定** 稳定的和可预测的环境要素多 要素彼此间不相似但基本保持不变 对要素复杂知识的要求高	**单元4 高度不确定** 动态的和不可预测的环境要素多 要素彼此间不相似且处于连续变动中 对要素复杂知识的要求高

资料来源：笔者根据李政（2015）整理。

环境的特征直接影响组织内部调控方式，如分化（各种专门化、多样性）、合并或内部凝聚的向心力。在稳定的环境中，组织倾向采用机械组织模式。机械组织模式特征包括：职能任务区分边界明晰，个体任务与组织整体目标实现无直接关系，上下级权责明晰，角色界定清晰明确，控制、权威和沟通有清晰的层次结构，工作任务为指令性，沟通多在组织内部进行（Burns et al.，1961）。

在动荡的环境中，组织倾向采取灵活的有机组织模式（见表2-2）。有机组织模式适合不断变化的环境。有机组织的主要特征包括：特殊知识和经验对共同任务的贡献性；个体任务的"现实"性质依据总体任务确定；通过与其他组织的互动，个体任务不断得到调整或被重新界定（如不同项目或课题）；责任、权利转移空间相对有限，即问题不能作为别人的责任向上、向下或横向转移；控制、权威和交流扁平化；知识和技术权威可以存在于组织的任何位置，而该位置即成为整个网络的权威；组织间交流方式和内容不再是纵向的指令传递，而是横向的技术指导或咨询；任务关注的重点是物质的积累和技术的增长；对专业性的重视以及威望的建立更多来自组织外部；基于专业资格或能力进行岗位职级分层和权威建立。

表 2-2　环境与组织结构权变矩阵

环境	稳定	不稳定
简单	**单元 1　低度不确定　机械组织模式** 正规化、集权 部门和边界联系少 无整合部门和人员 当前业务导向	**单元 2　中度不确定　有机组织模式** 团队工作、分权 部门和边界联系少 少量整合人员 计划导向
复杂	**单元 3　中度不确定　机械组织模式** 正规化、集权 部门多、边界联系多 少量整合人员 计划导向	**单元 4　高度不确定　有机组织模式** 有机结构、团队工作、分权 部门多、外界联系多 整合人员多 广泛的计划和预测

资料来源：笔者根据李政（2015）整理。

四　制度企业家理论

制度创业是指组织场域中具有反思精神的制度企业家，为了追求特定利益，通过创建变革愿景、积极调动各种资源支持变革实践，并将变革进行制度化的行为及过程（Battilana et al.，2009）。制度创业受到所在场域特点的影响，比如制度化程度的形塑。制度创业的过程可能呈现多种形式，从个人创新到社会运动。因此，制度创业也是一个对制度基础要素的影响过程，包括认知、规范及强制（Scott，2008）。

制度企业家的概念最初由迪马吉奥（Di Maggio，1988）提出。这一概念的创新点在于其在制度分析中再次引入了行动者的能动性，即制度企业家的活动。制度企业家既可以是个人、组织、协会甚至是网络或社会活动，也可以是游戏规则的创新者。制度企业家在制度环境中发动变革，同时积极投入变革实施过程。巴蒂兰娜等（Battilana et al.，2009）认为制度企业家一般通过三个阶段完成变革，即提出变革愿景、筹集变革所需要的资源、鼓动和激励其他相关者向着愿景努力。

迪马吉奥以及其他组织新制度学派学者认为，制度企业家具备以下特征（Di Maggio，1988）。

第一，利益导向，即制度企业家在制度创业过程中都有明显的利益导向，该利益包括个人利益、集体利益以及被随机引入的其他利益。只有在成本小于收益时，制度企业家才会进行制度创业。

第二，场域嵌入性，即制度企业家都处于某一特定组织场域之中，且其利益和能动性也嵌入该特定场域。场域中的制度安排不仅决定了制度企业家对效用最大化、收入最大化等利益的看法，而且也制约着其获得利益的手段。

第三，策略的应用，即制度企业家使用的技能和策略由其所处场域的性质和状态决定。普遍强调以下几种策略在制度创业中的重要性，即话语策略、框架策略、修辞策略、社会技能、制度战略和建立网络关系等。也有学者认为制度企业家推动新兴市场经济制度变迁的策略有四种，即公开呼吁（Open Advocacy）、私下游说（Private Persuasion）、制造特例（Making a Case of Exceptions）以及事后为事前投资辩护（Ex Ante Investment with Ex Post Justification）。

组织新制度学派总结出以下几个特征来识别制度企业家。

第一，反思性。行动主体之所以能成为制度企业家，首先是因为他们本身具备反思特质，这些特质使其经过反思和内心交谈，从而体验环境结构性冲突、构建新观念并伺机推动制度创业。

第二，社交技能。在具备反思性后，行动主体还要掌握一定社交技能，才有可能成为制度企业家。根据 Fligstein（1997）的观点，社交技能是能够向其他行动主体宣传并灌输共享意义从而动员其共同合作的能力。这种技能的使用在很大程度上取决于组织场域的状态，即正在形成、趋于稳定还是处于危机之中。社交技能也包括建立网络关系、谈判和利益中介这三种政治技能以及文化技能。

第三，位置和地位。位置和地位影响着感知和资源获取（Battilana，2006）。这里的位置和地位包括场域外围或中心位置、行动主体的主导地位以及个人的社会地位。外围或中心位置是指场域中各行动主体之间的相对关系。行动主体的主导地位既包括场域中的合法性身份，也包括在正式层级中的地位，即那些既能使其获得合法身份又能连接不同利益相关者并聚集资源的位置。只有居于这样位置的行动主体才有可能成为制度企业家。个人社会的地位是解释个人充当制度企业家的关键因素，包括组织地位（正式地位和非正式地位）、社会群体地位和组织间流动性（或组织间地位）（Battilana，2006）。

综上所述，制度创业的发生首先是由于组织场域的制度环境发生了改变，组织场域内具备反思精神的制度企业家（个人/组织）利用自己的合法身份、社会地位以及影响力，提出制度创新的愿景，在一系列策略的支持下，通过呼吁、游说、谈判以及建立社会网络等社会、文化及政治技能，调配和聚集资源，得到场域内其他行动主体的支持和响应，最终达到制度创业的目的（蔡瑜琢，2012）。

第二节　大学科研组织变革

大学是受外部制度环境影响明显的组织。大学组织内嵌于特定的社会和历史背景中，研究大学组织需要关注大学组织与社会之间的互动关系（阎凤桥，2011）。在知识经济时代，社会对大学的期待日益彰显，政府有力的政策导向和企业强劲的需求，深刻影响大学科研组织和管理，催生大学科研组织模式的转型和发展。

一　大学科研组织形态

科研的内涵丰富，科研的表达形式和组织形态多样。博耶将学术研究工作分为四个类型：发现的学术研究、综合的学术研究、应用的学术研究和教学的学术研究（张俊超等，2009）。

科学研究的制度化及变迁贯穿于西方研究型大学形成与发展的全过程。以柏林大学为代表的德国模式作为世界研究型大学的雏形，实现了纯科学研究在研究型大学的制度化。这一变迁历程正是在德意志抵御外侵，实现国家统一、民族振兴，以及投合国家主义和民族主义等思潮的基础上形成的。以约翰霍普金斯大学为代表，早期美国研究型大学群的创建，使得科学研究在研究型大学正式确立下来。这一制度化变革是美国社会经济发展、科技进步以及德国模式影响等多方面制度环境（特别是非正式制度）变迁推动下的产物。以第二次世界大战为转折点，美国研究型大学步入国家科研体系的核心，并实现了科学研究的强化发展历程。世界研究型大学科学研究的制度化及其变迁体现出大学组织与制度环境的交互作用。

从总体上看，世界研究型大学科学研究的制度主要经历了从非正式制度到正式制度的变迁。与此同时，不同国家研究型大学科学研究的制度化进程体现出各方力量交互作用的差异性，以及各方力量相互制衡的制度共性。

在国别研究中，不少研究分析了美国研究型大学中科研组织的变革。刘凡丰等（2007）对美国州立大学科研组织的变革进行了梳理，认为州政府积极的政策扶持，使州立大学科研管理及组织模式发生了根本性变革。州立大学通过与产业合作，共同组建巨型的跨学科研究中心，面向工业实践应用，开展跨学科的合作研究，形成鲜明的"聚集效应"，学术能力迅速提升，在国家（区域）创新系统中扮演重要角色。祝贺（2015）对美国联邦政府在影响大学科研组织变迁中的作用进行了分析，认为联邦政府既是美国科研体系的宏观管理者，也是美国大学科研活动的主导者。联邦政府对科技知识的需求、政府对大学科研组织的投入力度与投入方式影响大学科研组织科研活动的目的与组织形态。同时，根据政府对大学科研组织的作用特征，将美国大学科研组织变迁划分为自由松散阶段、政府组织阶段以及多元化阶段。

朱智怡（2013）对麻省理工学院自 19 世纪末以来科研组织的组织变迁、职能演变及资金来源进行了深入研究与分析，总结出了创业型大学的科研组织具有有效的科研合同组织、发达的技术转让组织、多元化的经费来源及强大的科研实力四个显著特征。

陈霞玲（2015）运用组织变革理论、结构化理论、知识生产模式理论和新公共管理理论，基于案例对美国创业型大学组织特征和组织行为进行分析，提炼了美国创业型大学组织变革的基本路径，并将其与中国创业型大学组织变革路径进行对比，讨论了中美在创业模式、创业目标与价值观、学术创业与学术发展路径、资源获取方式、外部发展条件等五个方面的异同点及形成原因。

有学者对中国研究型大学的科研组织及其变迁进行了分析。例如，朱冰莹（2013）基于研究型大学在国家创新体系中确立知识创新主体地位的研究背景，以组织分析的制度主义为理论基础和分析框架，以制度环境变迁和组织行为变迁的互动为主要脉络，运用制度分析、文献梳理、案例分析和历史研究等多种方法，对中西方研究型大学科研组织的制度化及变迁加以探析并提出研究假设。该研究认为，作为制度嵌入性组织，在合法性与效率机制的共同作用下，研究型大学的组织行为实现了变迁，即"以科研为中心"，组织结构、组织功能、组织目标等都发生了转变。该研究认为中国研究型大学科研组织的制度变迁体现了大学组织与制度环境的交互作用，也奠定了研究型大学组织行为变迁的制度基础。在制度环境的促动作用下，研究型大学在组织目标、组织结构及组织行为等方面必然做出相应的调整，在创生出新的组织功能的同时，大学组织呈现新的发展趋势，即外部结构的变迁、职能关系的变迁、内部要素的变迁。通过回归分析，该研究得出组织要素变迁是促进大学知识创新能力提升的重要因素的结论。徐佳（2014）基于对大学科研功能从 18 世纪在欧洲的萌芽，到 19 世纪倡导教学科研相统一的柏林大学建立，再到第二次世界大战后高校科研的迅速发展的历史梳理，利用新制度主义理论，对中国高校科研机构设立动机、功能设置机制等进行了分析，认为制度同构和合法性机制造成了中国科研机构设立机制趋同、高校内部科研机构设置功能缺陷。张洋磊（2016）基于知识生产模式转型相关理论，探讨研究型大学科研组织模式面临的危机与挑战，并提出相应创新措施，为中国大学科研组织模式转型发展提供借鉴。

部分研究从组织创新的角度分析了高校科研组织的发展。例如，毕颖（2015）通过对中国大学跨学科科研组织协同创新实践的梳理，从协同创新的视角，用协同理论、知识三角理论对大学跨学科科研组织协同创新的影响因素进行识别。基于中国大学跨学科科研组织协同创新的现实困境，参考美国大学跨学科科研组织协同创新的做法，提出促进大学跨学科科研组织协同创新的管理策略和政策建议。该研究围绕大学跨学科科研组织协同创新面临的困境与驱动力，从协同目标、管理体制、运行机制、政策保障和文化融合方面，提出了促进大学跨学科科研组织协同创新的管理策略，并对促进中国大学跨学科科研组织协同创新提出了积极的政策建议。唐琳（2017）认为，科研组织模式是高校组织结构的重要部分，中国目前高校管理模式由于受传统模式的困扰，主要实行校—院—系（所）三级直线职能制的管理模式，但是该模式越来越不能适应新时期高校科研工作的发展需要，科研组织模式改革迫在眉睫。通过借鉴其他世界一流大学的科研组织经验，探索适合国内研究型大学自身发展的创新性科研组织模式，从而加快建设世界一流大学的步伐。王思懿等（2017）基于对密歇根大学和上海交通大学科研管理机构的组织定位、主要职能和运行模式的比较分析，依据边界组织理论，认为中国研究型大学科研管理机构应该进行功能重构和组织变革，以使大学科研管理机构真正成为连接大学与政府和市场的纽带、协调校内不同利益相关者的桥梁。

二　科研组织变迁制度化

高校组织变迁是组织学分析的重要领域。张寒等（2017）认为，相对于教学和科研来说，技术转移是大学的一个全新职能，因此技术转移办公室的出现也是组织机构层面的创新。该研究通过对中国一所研究型大学技术转移办公室演变的分析，认为收益性和兼容性是组织创新制度化的两个影响要素。收益性指实践者从创新活动中获得利益回报的能力，包括有形的收益回报（经费和职业发展机会）和无形的收益回报（安全感、荣誉、行业认可、发展、效率等）。兼容性指组织创新与主体机构在规则、价值和目标方面的一致性，这些方面越一致意味着组织创新越不被排斥。收益性和兼容性从根本上反映了组织创新与技术环境和制度性环境之间的关系。

部分研究采用权变理论，从组织创新视角分析了高校科研组织变迁。例如，张茂聪（2016）利用权变理论对高校学科结构调整的制度化进行了分析。学科结构体系是高校系统的重要组成部分，高校系统又是社会大系统内的一个子系统，因此，高校学科结构体系与高校和社会之间相互影响。权变理论可以有效解释外部环境与学科结构之间的关系。陈平（2017）运用组织理论，分析了中国研究生院型高校作为一种大学组织类型的创建和发展过程。他根据鲍曼等的组织结构重组分析框架，分析认为中国研究生院型大学的出现是一种组织结构重组现象，造成这种重组的关键要素是环境的变化。该研究认为，除了资源环境形塑压力，组织结构进行局部调整也是自身主动变革的应对举措，是合法性机制和效率机制交互作用的结果。Ma 等（2021）依据嵌入代理理论和组织创新概念建立了分析框架，对中国南方科技大学的创建和治理模式的形成进行了分析。研究发现南方科技大学的治理模式是一种破坏性的创新，它受到治理模式的规范与中国高等教育制度背景之间不相容的挑战。这一挑战通过三种组织策略得到缓解，这三种组织策略被分别喻为装在新瓶中的新酒、装在旧瓶中的新酒和装在新瓶中的旧酒。这些战略要得以成功实施，制度创新者需要具备愿景、技能和社会资本。陈平（2019）聚焦分析了一个基层学术组织——教研室如何逐渐变迁为首席研究员的过程。该研究基于多学科制度变迁理论，构建了一个双重制度逻辑的分析框架：基于社会学新制度主义的合法性机制解释逻辑和基于理性选择制度主义的效率机制解释逻辑。该研究揭示了组织制度变迁的过程与内涵，全面准确地解释了高校科研组织制度变迁的原因和机制，大致经历了从非正式制度到正式制度的变迁。

1. 非正式制度与大学科研功能变迁

高等教育组织的主要工作是围绕"知识操作"而展开的。知识材料，尤其是高深知识材料处于所有高等教育系统目的和实质核心位置。对知识这一材料进行加工就是技术，即教学或科研。大学科研功能变迁的逻辑起点是知识传播。从传统的以追求高深学问的纽曼大学理念为起点，经过近千年的涤荡，大学科研功能理念从纽曼的"保存和传授普遍知识"（知识传播），到洪堡的"探究高深学问"（知识发现和创造），再到康奈尔的"强调实用知识"（知识的传播和应用）。纵观历史，大学发展到今天，离不开其所处的历史背景和外部环境。大学科研功能的历次变迁，不仅受所处社会的政治、经济、文化的影响，还与大学内部具有远见卓识的教育家和思想家的积极推动密不可分。因此，研究型大学科研功能的确立及变迁，由外部环境诱发，由组织内部的学术思想的自我革新推进。

2. 正式制度与大学科研组织变迁

从总体上看，19世纪末以来，研究型大学科研制度变迁经历了从非正式制度到正式制度的变迁过程。美国研究型大学科研组织变迁经历了自由松散阶段、政府组织阶段以及多元化阶段。第二次世界大战后，美国政府在国家层面强势介入大学科研的发展，研究型大学遂成为国家科研体系的核心。联邦政府对科技知识的需求、政府对大学科研组织的投入力度与投入方式影响大学科研组织科研活动的目的与组织形态。州政府的积极政策扶持，使州立大学科研管理及组织模式发生了根本性的变革。美国创业型大学的出现，标志着大学科研组织模式进入多元化阶段。科研合同组织、技术转让组织等成了创业型大学的典型科研组织模式。

中国研究型大学在国家政策的干预和支持下，受美国研究型大学科研组织实践的影响，在合法性机制与效率机制的共同作用下，实现科研组织变迁。

3. 科研组织变迁制度化分析视角

大学组织变迁是组织学分析的重要领域。学界对于大学科研组织变迁制度化分析多以环境与组织互动的视角展开。例如，利用组织创新理论，基于对组织创新与制度环境和技术环境之间的互动关系分析，解释科研组织制度化的过程（张寒等，2017）；利用权变理论，解释外部环境与学术结构之间的关系（张茂聪，2016）；利用合法性机制解释教研室的变迁和研究型院校组织变迁制度化（陈平，2017；2019）；利用嵌入代理和组织创新理论建立分析框架，解释大学治理模式的形成和制度化过程（Ma et al.，2021）。

第三节 芬兰应用科学大学组织实践创新

一 理论分析核心概念

1. 应用科学大学

本书中的应用科学大学特指在 20 世纪 60 年代中后期，在欧洲兴起的一种新型的高等教育组织，其主要使命是为区域发展培养技能人才、提供技能培训；同时开展应用研究，以支持人才培养并为地方政府、产业和公共机构提供知识生产、应用以及转化，产品开发、工艺改造或提出解决问题的思路和方案。

芬兰应用科学大学是指在 20 世纪 90 年代，由高职、高专院校合并升格而来的多科技术学院。芬兰应用科学大学作为芬兰高等教育系统的有机组成部分，与研究型大学享有同等法律地位。芬兰应用科学大学的任务和使命着眼于所在区域社会发展需求，培养以知识和技术的应用为导向、以服务区域社会为目的、能够胜任高技术要求的专业人才；同时芬兰应用科学大学还开展应用研究和开发等研发活动（Kyvik et al.，2010）。芬兰应用科学大学聚焦本科和硕士层次技能人才的培养，攻读硕士需要学生具备至少三年的工作经历。应用科学大学的应用型和跨学科的特点，使其成为"全能的合作伙伴"（Versatile partner）。在教学培训职能之外，应用科学大学还是研发的重要伙伴、创新实施者、服务提供者、合作伙伴的科研及创新平台。

本书中提及的中国应用技术大学，主要是指 1999 年以来由高职、高专院校合并升格而来的地方新建本科高校。此类高校地处中西部中小城市，区域经济相对欠发达。此类高校大多以教学为主，科研力量薄弱，服务社会的能力不强。

2. 应用科学大学的科研功能

应用科学大学的科研在学界并没有统一定义。从知识生产角度来界定，应用科学大学的科研与研究型大学的科研处于知识生产连续体的两端，但又逐渐交融。研究型大学的科研更接近知识生产模式 1 或基础研究，以学科为基础，或以发现和探索为目标进行实验开发。应用科学大学的科研更接近知识生产模式 2 或应用研究，强调应用情境中的跨学科研究与开发，关注对已有科研成果的开发和应用，具体活动形式包括测试、学生论文设计、产品开发、技术改造以及服务升级等，也包括针对实践问题提供的解决思路和方案（井美莹等，2016）。

本书中应用科学大学的科研功能是其作为高等教育组织的三大功能之一，是继人才培养、社会服务功能之后拓展的第三大功能。在国家创新系统中，应用科学大学科研功能与研究型大学、研究机构和企业的科研功能发挥着同等重要的作用。

在芬兰，有关应用科学大学科研功能并没有一个被普遍认可的定义。芬兰应用科学大学科研功能，是经《应用科学大学法案》（2003/2009）赋予的，在教学、社会服务之外所行使的"研究、开发和创新"（RDI）职能的统称。芬兰应用科学大学科研属于应用和实践型，其目标和内容包括满足企业以及其他合作伙伴的科研和发展需求；基于实践方法得出具体的结果；充分运用基于用户需求的科研活动，提升社会福祉以及区域竞争力。

3. 高等教育组织创新

高等教育组织创新是指组织为了回应社会的迫切需求和更好地完成使命，对教学和研究的组织实施方式进行创新或变革。高等教育组织创新的重点是提高大学知识资本化和社会参与的能力（Slaughter et al. ，2004）。具体包括大学新的使命和战略（第三任务、创新大学）、新的管理方法（新公共管理）、新的组织单位（如技术转让办公室），以及新的组织学术人员和学术工作方式（学术资本主义和学术企业家）等（Cai，2017）。

本书所讨论的组织创新是指应用科学大学为了适应法律要求、满足社会的需求和期待、更好地完成其高等教育组织使命，积极发展以科研为代表的组织新实践。

4. 高等教育组织创新的制度化

成功的组织创新都会经历制度化过程（Levine，1980）。影响组织创新制度化的三个要素是收益性、兼容性和能动性（Cai，2017）。

组织成员对于自身利益的集体追求会影响组织系统的结构并常常导致制度化的产生（Di Maggio et al.，1983）。组织精英对组织发展路径具有决定性的影响（Di Maggio et al，1983）。在高等教育领域，组织精英扮演着制度企业家的角色，他们大多是决策者、管理高层或一些学术骨干（Cai et al.，2015）。

本书所讨论的高等教育组织创新的制度化是指应用科学大学内部的制度企业家基于组织或个人利益考虑，通过系列措施来提升组织外部利益相关者对应用科学大学科研功能的认可，使科研成为此类高校广为接受的社会现实，并得以在组织内部成为日常社会实践的过程。

二　研究分析框架

本书的研究对象是芬兰应用科学大学，属于 20 世纪末发展起来的高等教育组织。近年来，应用科学大学实践活动由最初的教学与社会服务发展为教学、服务及科研活动。这一实践发展可被视为一种组织创新（Levine，1980；Cai，2017）。这一组织创新过程受到制度环境与技术环境的双重影响。新近的制度主义强调，组织在应对环境变化时具有能动性，即组织或组织成员在利益和偏好驱动下，会选择符合环境要求的组织结构和行为（Di Maggio，1988）。

本书关注的研究问题是：作为一个刚从高等职业学校转型升级为大学的"纯教学型"高等教育机构，在国家赋予其发展科研功能的法律合法性后，应用科学大学将如何调整组织结构或行为，在维持法律合法性的同时，获得社会各相关方的认可并逐步实现科研功能发展制度化。本书以组织合法性概念、权变理论以及制度企业家理论为基础，提出研究分析框架（见图 2-1）。

首先，本书提出芬兰应用科学大学科研功能的发展属于组织实践的创新，受到高校所处制度环境和技术环境的双重影响。制度环境是

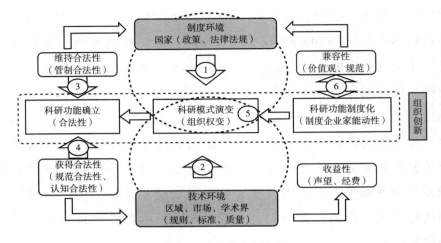

图 2-1　研究分析框架

指适合的或可以被接受的组织形式和行为的规则、规范、理解、信念。应用科学大学科研功能发展的制度环境是指有关应用科学大学科研发展的法律法规所要求的规则、规范以及社会的认可。技术环境对组织提出的需求包括消费者偏好的变化、竞争条件以及其他任务环境。技术环境具体指消费者（企业、公共机构、区域政府）的偏好、竞争性项目的标准、区域内竞争状况（有无同类高校）等。因此，芬兰应用科学大学科研功能发展同时受到国家政策和法律法规的影响（见图 2-1 中①）以及区域、市场和学术界的规则、标准和质量的影响（见图 2-1 中②）。

　　其次，应用科学大学科研功能的确立是组织寻求合法性的结果。本书提出芬兰应用科学大学科研功能的发展需要满足环境中管制合法性、规范合法性和认知合法性的要求。芬兰通过《应用科学大学法案》《教育科研发展规划》等赋予了应用科学大学发展科研的功能，即在发展科研功能方面，应用科学大学已获得了管制合法性。作为一个纯教学型的高等教育组织，一方面，应用科学大学在组织机制、行为规则和组织结构层面满足法律法规需求，以维持其管制合法性

（见图 2-1 中③）；另一方面，应用科学大学必须在技术核心和质量标准方面满足外部环境中区域政府、商业企业、公共机构以及研究型大学或研究机构的期待和认可，以获得规范合法性。应用科学大学在获得规范合法性后，其作为高等教育组织的科研能力才能被社会广泛认可，获得认知合法性（见图 2-1 中④）。

再次，外部环境特征及其变化影响应用科学大学对科研组织结构的选择。本书认为应用科学大学在维持和追求合法性的过程中，需要根据环境需求调整结构和行为，选择适合的科研组织结构。组织结构取决于环境的动荡程度以及复杂程度。芬兰应用科学大学科研功能发展的 20 余年中，其所处环境的动荡程度和复杂程度有了较大的变化，对科研组织结构的确立和发展起了决定性的作用。因此，本书着重关注组织环境特征如何影响应用科学大学科研组织形式的选择和发展（见图 2-1 中⑤）。

最后，应用科学大学科研组织创新的制度化取决于创新的兼容性、收益性以及组织能动性。应用科学大学内部制度企业家基于创新收益性和兼容性的考虑来发挥能动性作用，促成了科研组织创新的制度化（见图 2-1 中⑥）。成功的组织创新都会制度化（Levine，1980），影响制度化的三个要素分别是收益性、兼容性和能动性（Cai，2017）。在芬兰应用科学大学科研发展中，具有"反思特质"的制度企业家主要是指高校的科研骨干和管理者（组织精英）。因此，本书着重讨论组织内的制度企业家如何发挥能动性，通过调整组织结构和行为，促进科研发展与提升外部兼容性，提高个人与组织收益，从而促进科研功能在应用科学大学的制度化。

三　案例研究设计

1. 案例研究

案例研究是质性研究的一种形式。质性案例研究重点是对情境或行为意义的解释（陈向明，2000；Lyytinen，2011）。对于什么样的研究更适合案例研究，Yin（2003）建议当研究者对现象的把控有限，并且研究的重点是日常生活情境下的现实现象时，或者当研究的现象和情境之间的界限不是很清晰或相关时，可以采用案例研究。案例研究可以对现象的整体性和重要特点进行全面展示，适合回答"怎么样"和"为什么"的问题。案例研究方法适用于研究发生在当代但无法对相关因素进行控制的事件。

案例研究的基本特点是具有情境导向性，研究资料搜集的多层面和多渠道；原则是通过发展理论假设来指导资料收集和分析（Creswell，1998；Yin，2003）。案例的"情境"是指案例所处的自然的、社会的、历史的、文化的或经济的背景（Creswell，1998）。如果案例是一所大学，其情境包括大学的"地理位置""特有的历史进程""学术优势和劣势"，甚至包括"特殊的人"等要素（Jongbloed et al.，2008）。当研究者试图揭示"正在发生的现象与其所在情境不可分割时"，案例研究方法更为有效（Lyytinen，2011）。

案例研究的结论不依赖于"统计性归纳"，理论的作用通常呈现为"分析性归纳"。其目的在于对特定情境案例的归纳，而不局限于抽象的理论建构。换言之，案例研究是从具体的经验事实走向理论归纳的一种研究工具。

本书适合采用案例研究的原因有如下几点。第一，本书关注的现象是应用科学大学科研功能制度化这一现象。这一现象正在发生并处于一个动态发展过程，其发生、发展与所处环境、情境界限不清、不可分割。第二，本书关注的问题是应用科学大学为何要发展科研功能、科研功能在案例学校经历了怎样的发展历程、组织结构发生了什么样的变化、这些变化是如何实现制度化的，很显然，本书聚焦回答"怎么样"和"为什么"的问题。第三，笔者作为局外人，对这一现象的发生发展完全没有把控能力。

本书关注的是组织与环境互动问题。本书基于组织合法性理论、权变理论以及组织创新制度化理论等多个理论搭建分析框架，一是对两个案例科研功能确立、科研组织演变以及制度化过程进行解释；二是通过对具体案例的深入分析，试图丰富和拓展以上理论的解释范围和实现条件。

2. 案例选取

本书依据质性研究最大差异化目的性抽样原则，选取坦佩雷应用科学大学（Tampere Univeristy of Applied Sciences，英文缩写为TAMK①，以下简称"T校"）和东南芬兰应用科学大学（South-Eastern Finland University of Applied Sciences，英文缩写为XAMK，以下简称"X校"）作为研究对象，主要基于以下考虑。

第一，两所案例学校具有一定代表性。两所案例学校属于芬兰第一批建立的应用科学大学，于1992年获得临时经营许可，于1996年获得永久经营许可。两所案例学校发展科研过程中，经历了比较明显的组织调整，并且实现了制度化。此外，两所案例学校分别代表了芬兰应用科学大学两种不同的科研发展路径和组织模式。总而言之，两所案例学校科研发展进程与大多数同类高校一致，具有一定"普遍"意义（陈向明，2000）。

第二，两所案例学校具有典型性。两所案例学校差异明显，提供了事物的不同侧面（Creswell，1998），验证了相似的假设结果（Yin，2003）。两所案例学校所处区域的经济条件、技术条件、社会文化条件、人口条件和竞争环境等差异明显：T校位于芬兰第二大工业城市坦佩雷市，X校地处芬兰东南部地区的一个三级城市。两所案例学校的科研发展目标、思路、科研队伍、科研组织模式以及科研绩效（外部科研经费规模）大相径庭：T校在"通过科研培养教师队伍，服务

---

① AMK，是芬兰语多科技术学院 ammattikorkeakoulu 的缩写。

教育教学"的思想指导下，要求"人人都做科研"，除少部分专业科研人员外，所有教师实行"双肩挑"，即承担教育科研双重责任，实施教学与科研整合的科研发展策略，采用矩阵式科研组织模式；X 校在"教学和科研节奏不同，让专业的人做专业的事"的思想指导下，实施了科研与教学分离策略，搭建专业化的科研组织模式。两所案例学校差异性情况对比见表 2-3。可以看出，两所高校的外部经费规模悬殊。

表 2-3　两所案例学校差异性情况对比

案例学校	所在区域	合并时间	专职科研人员（人）	外部科研经费（万欧元）	科研发展策略	科研组织模式
T 校	芬兰第二大工业城市	2010 年	48	214	整合策略	矩阵模式
X 校	芬兰东南部地区小镇	2017 年	168	1200	分离策略	分离模式（专业化模式）

资料来源：笔者根据芬兰教育统计（2017）数据整理，https：//vipunen.fi/en-gb/。

3. 资料收集和分析方法

本书通过实地访谈、现场观察、文献及档案分析来获取资料。文献及档案分析作为访谈的支持资料。案例研究旨在探究案例的普遍性和特殊性。多案例研究一般包含两个阶段，即案例内分析和跨案例分析。案例内分析的目的是将单个案例视作一个完整的案例，要求对其进行详尽的描述。这些数据帮助研究者了解案例的情境变量。单案例分析完成后，即进入跨案例分析，其目的是通过跨案例主题分析，提取抽象概念（Cresswell，1998）。

4. 访谈及观察

访谈是本书采用的最主要的资料收集方法，辅之以现场观察。访谈通过两次赴芬兰实地调研访谈和多次在北京非正式访谈完成。访谈对象有 19 人，包括校长、副校长、科研处处长、科研主任、科研经理、学位项目主任、院系主任、学生代表、校董事会代表和区域政府代表等（具体见附录二）。本书的访谈形式为半开放式的结构化访谈。每次访谈之前，笔者基于前期的文献及档案分析和研究问题，拟定了访谈大纲。

第一次实地调研于 2017 年 4~5 月在芬兰坦佩雷市完成。本次调研主要在 T 校进行，访谈受访对象有 9 人，列席有关科研发展的会议及学术活动 5 次，多次参与研发及创业活动观察并及时撰写调研活动日记。访谈对象以"滚雪球"的方式确定（陈向明，2000）。首先是通过笔者的校外导师、在坦佩雷大学供职华人学者推荐，分别与 T 校分管 RDI 的副校长 M 以及分管对外合作和服务的副校长 B 联系并确定访谈时间。笔者与两位副校长在工作中都有过接触，此次再次联系，彼此都感觉很亲切。两位校领导欣然接受访谈并为笔者调研提供便利。在 M 的介绍下，先后访谈了科研处处长 P、工业工程学院院长 T-D。其他受访者包括科研经理（1 人）、全球运营主任（1 人）以及学位项目主任（1 人），是笔者在受邀参加 T 校组织的一次国际学术活动中联系并确定的。T 校的所有访谈均为一对一半结构化正式访谈，访谈时间控制在 1.5~2 小时，访谈地点在受访者的办公室。调研期间，对 1 名高级讲师进行了非正式访谈，对 1 名本科生进行了随机访谈。

第二次实地调研于 2019 年 1 月在芬兰东南部小镇米凯利完成。本次调研主要在 X 校进行。笔者实地参观了三个校区，重点对纸浆实验室、环境生态实验室进行了考察，参与观察了分管科研副校长主持的科研项目研讨会，列席了校长与校董事会主席和区域办公室行政主管的工作讨论，对 10 位受访者进行了访谈。访谈对象是由"守门员"（陈向明，2000）X 校校长 HG（X-P）基于笔者访谈要求确定的①。

---

① 笔者与校长 X-P 于 2018 年 5 月在北京因工作关系结识，并对其进行了第一次非正式访谈。访谈中，笔者向其表达了将 X 校作为第二个案例学校的想法。校长爽快答应并表示愿意提供相应的帮助和支持。笔者之后与校长多次邮件联系，确定了实地调研时间与活动安排。

根据实际情况，访谈形式多样。（1）对科研主任（3人）和科研经理（1人）分别采取一对一半结构化访谈，访谈地点在米凯利校区行政楼会议室，访谈时间均为2小时。（2）对分管科研的副校长（X-VP）的访谈分两段完成。X校的校区分布在附近不同的4个小城市，副校长驱车带笔者分别参观了其中3个有科研机构的校区。副校长（X-VP）是X校科研发展的核心人物，他领导并推动了X校科研的改革。在去其他校区的路上，笔者分两次对副校长进行了半开放式访谈，每次访谈时间为1小时左右。（3）对纸纤实验室主任的访谈，是在其陪同笔者参观纸浆工厂过程中进行的，访谈时间为1小时。（4）对校董会主席（X-GD）的访谈是与校长一起以开放的形式进行的，时间约为1小时。（5）对区域政府代表（X-PG）的访谈是由校长陪同在X-PG的办公室进行的，形式为半结构式访谈。（6）对首席讲师（X-D）的访谈是以面对面和邮件相结合的形式完成的。以上访谈均为单次。（7）对校长进行了多次多种形式访谈。其中，分别于2018年5月、2018年10月、2019年6月在北京对其进行开放式访谈；2019年1月赴芬兰实地调研期间，对其进行一对一半结构化访谈两次。另外，通过邮件及微信，就具体问题进行跟踪访谈多次。

在正式访谈中，准备了访谈提纲（详见附录一）。访谈所用语言均为英语。每次访谈在征得受访者同意下，进行了全程录音。由于英语水平以及口语表达习惯和口音参差不齐，在访谈中，笔者尽量做到追问或确认，以保证信息和释义的准确性。之后笔者手动将录音转录为文字，形成访谈英文材料约6万字（英文单词计数）。在访谈中，笔者及时完成访谈反思报告。

5. 档案文献收集

本书通过多种渠道收集与研究有关的文献资料。对于案例研究而言，Yin（1986）认为档案文献的首要作用是证实或证伪通过其他来源获取的资料，比如对访谈涉及的信息准确化，从档案文献中进行一些推导，作为进一步研究的线索。本书收集到的档案文献有：（1）案例学校内部的相关资料，包括年鉴、年度评估报告、学校发展规划、科研项目统计表、科研经理积分卡等与科研发展休戚相关的重要资料；其他包括办学历史、办学特色、院系与管理结构的设置以及科研发展基本现状等信息资料。（2）在芬兰教育科学部网站和统计网站上收集的有关学校的科研经费、人员、教师状况等信息。（3）案例学校所在的区域行业、企业以及研究型大学和研究机构的情况以及区域政府发展规划等。

6. 资料分析方法

数据收集后，笔者开展了以下资料分析工作。第一，对文献资料进行分类整理（电子文档及纸质文档）。第二，为每位受访者编码。为了便于分析，对两所案例学校的受访者进行独立编码。受访者编码遵守以下原则：受访者单位（T 校/X 校）—类别（校级领导/科研管理者/教师/学生）（详见附录二）。第三，对访谈资料进行英文转录，整理成文本资料，并根据主题和访谈大纲进行登录。第四，在初级阶段对资料进行微分析和编码。选取了第二个案例学校第一个受访者（科研主任 X-RD1-SW）第一个访谈问题的资料片段进行微分析。通过对访谈原始资料微分析，不断提问，挖掘和打捞概念。分析时，按照资料的语义段，将原始资料分成 4 个分析单元，从每个单元的资料里提炼出一个主题概念并撰写微分析备忘录。第五，基于微分析，对资料进行开放编码、轴心编码和选择编码，找出核心类属概念，并与理论概念进行勾连。

为了保证研究质量，本书采取了若干步骤。在数据收集方法方面，通过年度报告、政策报告、案例学校网站、案例学校有关历史资料、芬兰官方相关数据库等，对访谈资料进行补充。这种从多个来源收集数据的方式提升了资料的可信度。同时，笔者与多位访谈对象建立了长期互信的工作合作关系，也多次去案例学校工作访问。笔者与大部分受访者保持融洽和信任关系，且对个别关键人物进行了多次访问，他们在访谈中能够敞开心扉、畅所欲言。这些均保障了数据的可信度和充分性。

第三章　芬兰应用科学大学科研功能确立：
合法性追求

第一节　科研功能发展制度环境

一　分析框架

　　组织存在的关键是获取合法性。组织合法性是一种能够被感知的，与相关法律、规则、规范支持相一致的状态，或者与文化—认知性规范框架相亲和的状态（斯科特，2010）。制度通过管制性要素、规范性要素和文化认知要素为合法性提供了不同的支撑。组织的行为符合不同制度要素的规范，即可获得合法性。芬兰法律明确要求应用科学大学发展科研功能，因此应用科学大学已经具备了法律合法性或管制合法性，那么应用科学大学在组织层面如何去满足这一法律要求？同时，作为从高职院校升格发展起来的纯教学型高校，应用科学大学如何发展科研从而提升社会对其科研功能的认可？本章以两所案例学校为例，借用组织合法性概念对该问题进行了回答。

　　伯顿·克拉克认为高等教育系统处于无限复杂的环境中，受到官僚权力、政治权力和学术权威的深刻影响。他建立了"国家—市场—学术"这一三角控制模式来解释三者之间的复杂关系（兰文巧等，

2006）。借鉴其分析思路，芬兰应用科学大学作为新兴的高等教育组织，其发展受到国家、区域政府、学术界以及市场（企业、行业）影响（Kyvik et al. 2010），处于一种"矩形控制"模式之中（见图3-1）。基于这一认识，本章以"矩形控制"模式来分析案例学校与国家、市场（企业、行业）以及学术界（研究型大学和研究机构）等外部关键利益相关者之间的合法性关系，并考察案例学校为了维持管制合法性、获得规范合法性和认知合法性，在不同阶段所采取的应对举措。

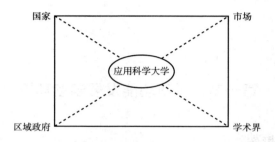

图3-1 芬兰应用科学大学系统所处的"矩形控制"模式

制度环境是指适当的或可以被接受的组织形式和行为的规则、规范、理解、信念（蔡瑜琢等，2012）。这些规则和要求可能来源于政府的授权机构、专业协会或行业协会，或者来源于信仰系统等。组织通过遵守这些规则、信仰和要求来获得合法性和资源，以获得生存与发展（Meyer et al.，1977；Di Maggio et al.，1983）。制度环境的重要内容之一是文化观念。文化观念不以人为凿刻的形式出现，而成为一种被神化的东西，即迈耶所指的理性神话（Rationalized myth）（周雪光，2003）。

根据斯科特（Scott，1995）的观点，制度环境可划分为制度的正式约束和非正式约束。制度的正式约束包括国家的规章制度、公正的决议及经济合约；制度的非正式约束包括社会所认可的文化和意识形态的行为准则。在特定的制度环境中，组织的合法性来自利益相关者对组织的评判。利益相关者依据不同的制度要素，为组织带来不同类型的合法性，包括管制合法性（规制）、规范合法性（规范）和认知合法性（Ruef et al.，1998）。管制合法性是通过法律或政策等规制要素，对组织机制（如人事管理、财务运行、行政人员的行为规则）和组织结构的规范。规范合法性是通过技术核心、质量标准等为组织的技术水平（如人员任职资格、培训项目、工作程序及质量保障机制）提供的规范。认知合法性是一种"最深层次"的合法性，被视为理所当然而接受的共同理解或认知框架。认知合法性通过遵守共同的情景界定、参照框架或被认可的角色模板或结构模板而获得（Scott，1995）。

二　芬兰应用科学大学科研发展的制度环境

芬兰应用科学大学科研发展的制度环境由国家、区域政府、市场和学术界等关键行动者提供的各种制度要素构成。国家（国会、教育部）通过法律、政策、协议等规制要素，为芬兰应用科学大学科研功能发展提供管制合法性。区域政府通过对应用科学大学的科研定位认知、价值期待以及功能需求等认知要素，为应用科学大学科研发展提供认知合法性。市场（欧盟、企业）通过技术标准、质量评定、人员资格等规范性要素，为应用科学大学的科研发展提供规范合法性。学术界（包括研究型大学和研究机构）通过同行认可，对科研水平、人员资格及质量评定，提供基于认知的技术规范，为应用科学大学的科研发展带来认知合法性和规范合法性（见表 3-1）。

表 3-1　芬兰应用科学大学科研功能发展的制度环境及合法性来源

合法性来源	关系模式	评判依据	合法性类型	制度类型
国家 （国会、教育部）	规制机构 资金提供者	政策 法律 协议	管制合法性	规制规范
欧盟 公共资助机构	资金提供者	合格评判 质量评价	规范合法性	技术规范

续表

合法性来源	关系模式	评判依据	合法性类型	制度类型
区域政府	资金提供者 合作者	共同行动逻辑	认知合法性	文化认知 规范
地方政府	资金提供者 合作者	共同行动逻辑	认知合法性	
学术界 （研究型大学、 研究机构）	竞争者 合作者	合格评判 共同行动逻辑	规范合法性 认知合法性	技术规范 文化认知规范
企业	资金提供者 合作者	资格承认 共同行动逻辑	规范合法性 认知合法性	技术规范 文化认知规范

资料来源：笔者分析整理。

1. 国家法规政策的规制规范

国家和中央政府作为特殊的行动者，通过法律和政策等强制性制度要素，对应用科学大学的整体组织框架、地位、使命、治理机制、经费保障等提供规制，形成了对应用科学大学管制合法性的评判。作为应用科学大学的管制机构，芬兰政府和教育部通过《应用科学大学法案》及有关政府令、教育科学发展规划、绩效协议等法律和文件对应用科学大学法律地位、组织使命、治理机制、组织结构以及经费保障等进行规范，为其科研功能的确立带来了管制合法性。芬兰《应用科学大学法案》对应用科学大学组织要素的规制如表 3-2 所示。该法案自 1995 年以来，在 2003 年、2009 年以及 2014 年修订过三次，表 3-2 是基于三次修改内容的分析。

表 3-2　芬兰《应用科学大学法案》对应用科学大学组织要素的规制

组织要素	具体内容描述
地位	应用科学大学与研究型大学平等地位。"应用科学大学是高等教育系统的一部分，与大学共同构成了高等教育机构体系"（932/2014）

续表

组织要素	具体内容描述
使命	1. 专业人才培养，根据工界要求和发展需求，培养专业人才；同时支持学生的专业成长 2. 应用研究。开展应用研究、开发和创新活动，服务应用科学大学教学及人才培养 3. 社会服务。服务并促进工业、商业和区域发展，重塑地区产业结构，提供成人教育，提供职业教师培训，支持终身教育
学校资质	应用科学大学具备企业法人资格。应用科学大学是受《有限责任公司法》规范的股份制法人
外部治理	1. 政府在《教育科研发展规划》中规定应用科学大学整体发展的基本目标 2. 在国家高等教育政策框架下，教育部与各个应用科学大学协商一定时期内的具体的发展目标 3. 教育部及应用科学大学应就与教育、研究、发展至关重要的数量和质量目标缔结一项定期协议以及对有关创新活动及其实施情况进行监测和评估。应用科学大学应由董事会主席和校长签署协议。教育部基于应用科学大学代表的意见，就个别应用科学大学的数量和质量目标做出决定
内部管理	1. 应用科学大学内部管理由董事会和校长负责 2. 校长担任有限公司总经理。应用科学大学必须至少有一个考试委员会或同等机构以及其他议事机构

　　20世纪90年代初以来，由于苏联解体和市场转型，芬兰经历了严重的经济衰退。这一时期的社会及经济现状给芬兰高等教育系统带来了巨大冲击，教育系统功能矛盾日益突出，如中等教育和学位教育水平明显落后于国际水平，教育系统层级过多、部门交错、运转低效等。当时的芬兰教育系统无论在国际影响力方面，还是在满足劳动力市场需求方面都表现乏力。为了应对这一危机，芬兰政府施行了一系列重要改革，其中之一是建立了应用科学大学，在办学目标、标准以及教学方法上完全区别于研究型大学。应用科学大学自1991年开始试点。1996年，芬兰的210个中等和高等职业水平教育机构经合并、升格形成了29所应用科学大学。后经多次合并，截至2019年芬兰有

25 所应用科学大学，其中教育文化部主管的有 24 所，另 1 所警察学院由内政部主管。每所应用科学大学包含多个办学单位，坐落在不同的小城镇或城市。应用科学大学提供 7 个专业领域的教育，包括商务管理、文化、卫生保健和社会服务、人文和教育、自然资源、技术和通信和旅游、餐饮和机构管理。

根据学生人数，应用科学大学可分为大中小三类：学生数量不足 3000 名的小型院校 6 所；3000~5500 名学生的中型院校 7 所；5500~10000 名学生的大型院校 10 所①。规模最小的院校全日制学生不到 1300 名，规范最大的院校全日制学生超过 13000 名。应用科学大学提供的专业领域主要取决于学校的传统和所在地区需求，与其规模没有任何联系。小型应用科学大学可能有 3~7 个专业领域，中型和大型应用科学大学会有 4~8 个专业领域。

2. 应用科学大学的地位和使命

芬兰《政府法令》规定，应用科学大学与研究型大学享有"平等而不同"的地位。1995 年的《应用科学大学法案》规定应用科学大学的主要使命和任务是教学与社会服务。2003 年修订的《应用科学大学法案》在应用科学大学的使命和任务中增加了科研功能，提出，"应用科学大学的任务是提供以科学或艺术为基础的教学，目的是在相关领域生产高级专业知识，支持学生的专业发展，以进行应用研究和开发，支持教学发展、区域发展及学生职场生活，以促进区域经济结构优化发展"。

3. 应用科学大学的外部治理结构

芬兰采用中央和地方共治的形式来治理应用科学大学。依据《应用科学大学法案》和《政府法令》，应用科学大学拥有高度自主权，且接受教育文化部与所属地方政府的两级管控（见表 3-3）。

———————————

① 2018 年数据，https：//vipunen.fi。

表 3-3 芬兰应用科学大学外部治理环境

政府层级	代表机构	治理手段和内容
国家	国会	运营证书、《应用科学大学法案》、《政府法令》、《教育科研发展规划》
	教育部	《绩效协议》、《教育科研发展规划》、拨款政策
地方（主管机构）	市政府 市政联盟或基金会	所有权、提名组建董事会、制定战略发展规划、预算、校长任命、员工聘任、审议通过行动计划

芬兰教育部作为政府治理高等教育的代理机构，通过与高校签订《绩效协议》和拨款政策来约束应用科学大学。教育部每 5 年制定一部《教育科研发展规划》，依法规划应用科学大学的整体发展目标。在此基础上，教育部与每个应用科学大学单独协商要实现的具体目标，并签订《绩效协议》（简称《协议》）。《协议》包括应用科学大学系统的共同目标，每个应用科学大学的关键措施、任务、学校概况、核心领域和新出现的科学领域、学位目标、政府拨款总额（分为核心经费、专项经费和学校战略经费）。此外，《协议》还具体规定了报告各项成果的方式。《绩效协议》的协议期为 3 年，教育部与应用科学大学每年都会对财务和教育问题进行检查和协商。在协议期间，每个应用科学大学都会收到高等教育机构排名的统计数据；教育部还定期向高校提供有关其活动和发展需求的书面反馈；教育部根据需要派代表访问特定高校，并组织区域活动，加强本区域的行动者与关键利益相关者之间的互动。

根据《应用科学大学法案》（1995），应用科学大学的所有者和维持机构（市政府、市政联盟或基金会）负责应用科学大学组织、管理和运作。维持机构的责任是为应用科学大学配置资源，聘任校长和其他工作人员，并提名董事会成员。它还负责制定应用科学大学的战略规划。应用科学大学的所有者性质不同，所受的法律约束和规制也不同。所有者为有限公司的应用科学大学受《芬兰公司法》规范，所有者为基金会的应用科学大学受《基金会法》限定，所有者为市政府的应用科学大学受地方政府法约束。

4. 应用科学大学内部管理机制

应用科学大学对其内部事务管理享有自主权。应用科学大学内部管理的组织架构和规则由国家立法规定，其管理机构由董事会和校长组成，由校长担任总经理。此外，应用科学大学至少有一个考试委员会或同等机构。2014年以前，应用科学大学的维持机构在内部治理事务方面有诸多权力。2014年以后，应用科学大学以股份制有限公司的形式运营，内部管理主要在董事会领导下进行。

根据《应用科学大学法案》（2014），应用科学大学称为独立的法人机构，以有限责任公司形式运营，受《有限责任公司法》约束，维持机构已不再是应用科学大学的所有者。除《有限责任公司法》规定的责任外，应用科学大学董事会的职权范围主要包括：（1）确定应用科学大学经营和经济的主要目标、战略和管理原则；（2）确定行动决议、经营和财务计划及预算，并编制财务报表；（3）安排会计和资产管理的监督；（4）负责对应用科学大学资产的管理和使用；（5）审议并通过涉及应用科学大学重要原则问题、对学校具有重要意义或重大经济后果的协议；（6）代表应用科学大学通过与教育部的协议；（7）选举和罢免校长；（8）通过常规的组织运行议事程序和规则，决定应用科学大学自身的运行结构；（9）决定录取的学生数量。

此外，董事会还负责聘用副校长等。董事会由7~9名成员组成，成员都是与应用科学大学的发展密切相关的社会各界代表。董事会必须包括具有工作场所和经济生活实际经验和知识的成员。校长不担任董事会成员，董事会成员应有2名应用科学大学社区代表，外加教师和学生各1名。

综上分析，应用科学大学的组织使命、功能定位、治理结构等组织要素都由国家通过法律规制手段来确定。应用科学大学日常运行所需的人、财、物由教育部通过政策和《绩效协议》来规范。换言之，国家（国会、教育部）作为应用科学大学的规制机构，通过颁发法律和政策为应用科学大学科研功能确立带来了管制合法性。这一合法性是应用科学大学发展科研的法律依据。

5. 专业机构提供的技术规范

欧盟（区域办公室）[①]、相关部委（不包括教育部）、芬兰创新署（TEKES）[②]、芬兰科学院专业机构和部委通过竞争性项目资金或出资购买服务等方式，对应用科学大学科研标准、项目质量等提出了要求或规范，同时也为应用科学大学科研功能带来了规范合法性。这些机构也是应用科学大学获取外部科研经费的主要来源。2017~2018年两所案例学校经费构成情况如表3-4所示。

表3-4　2017~2018年两所案例学校经费构成情况

学校	年度总经费（万欧元）	外部经费占比（%）	欧盟综合（%）	就业与经济部（%）	国内商业企业（%）	地方政府（%）	芬兰投资署（%）	芬兰科学院（%）
T校	7033	55.00	20.00	10.80	0.40	3.20	4.80	0.90
X校	19591	72.90	39.00	18.30	17.00	4.10	0.06	0.08

资料来源：笔者根据芬兰统计网络数据库（Statistics Finland's PxWeb databases）整理。

作为应用科学大学外部科研经费最主要的来源之一，欧盟每年为芬兰应用科学大学提供的经费大约1000万欧元[③]。该经费以结构经费

---

① 欧盟不直接管理竞争性项目，都是由各区域办公室作为代理机构，负责本地区欧盟竞争性项目的组织及管理。因此，在本书中，作为项目资金单位，欧盟与区域办公室被视为一个整体。

② 2018年芬兰创新署与贸易局合并，建立"芬兰国家商务促进局"。

③ 包括所有的欧盟渠道经费，如ESF、Horizon 2020、Boarder Funding、Central Baltic Funding、Erasmus+等。

或框架经费等形式划拨到芬兰的区域政府办公室。这些区域政府办公室再以项目公开招标的形式，分三批向社会招标。由于欧盟经费属于竞争性项目，在申请过程中参与招标的不仅是应用科学大学，还有研究型大学或研究机构，且竞争对象不仅来自本区域，而且来自芬兰其他地区。

在访谈中，X 校校长介绍了欧盟经费政策上的地区差异。

> 欧盟的资金对所有区域都很重要。结构经费的政策是为了促进区域间的平衡，区域经济水平不同，人均标准不同。因此与坦佩雷等一些富裕地区相比，我们东南部地区从欧盟获得的资金相对较多。几乎所有大学外部资金的最大来源都是欧盟通过区域政府办公室资助的资金。（校长 X-P，L85-93，20181001）①

他同时强调，欧盟资金的规范性强，对所有申请者都是挑战。

> 欧盟对资金的使用有非常严格的规定。有些规则和程序非常复杂，如果你第一次申请，你可能会犯错误。如果研究型大学或者应用科学大学没有做好，项目没有通过的话，研究型大学、应用科学大学和区域政府都得不到资金，经费就会被退还给欧盟。（校长 X-P，L66-70，20181001）

芬兰统计局的统计数字显示，除欧盟之外，芬兰就业与经济部是应用科学大学重要的公共资助机构。芬兰就业与经济部作为负责工业和技术政策事务的政府部门，每年有大量的经费用于支持高校进行有

---

① 受访者编码后的数字分别访谈资料文字实录页码和所引用内容行号，如 P6，L40~45，表示引用内容参见访谈文字实录第 6 页，第 40~45 行。

关工业企业的研发。此外，与应用科学大学科研最相关的资助机构是芬兰创新署，它支持研究人员和企业之间的合作，每年有一定的项目面向应用科学大学公开。芬兰科学院重点资助研究型大学与研究机构，只有少量专项项目接受应用科学大学的申请。多数情况下，应用科学大学作为研究型大学的合作伙伴来申请这类经费。

各个资助项目都有严格的申请程序和评价标准。因此，这些资金单位通过项目评审程序，间接地以质量标准和评定的方式为应用科学大学的科研项目质量、项目领域和项目团队提供了规范支持，也为应用科学大学科研发展带来规范合法性。对于项目评价和审批的公正性，从南萨沃区行政长官的访谈中得到了佐证。

> 项目都是竞争性的，区域办公室不会偏向任何高校或机构。如果能够立项，充分说明他们申请书和科研项目的质量是过硬的。（区域政府代表 X-PG）

6. 其他行动者提供的认知规范

应用科学大学作为区域发展的重要行动者和高等教育系统有机组成部分，其发展规划、目标定位、价值追求等与所在区域、地方政府以及周边的企业工业需求直接相关。

（1）区域政府与应用科学大学。芬兰包括 12 个区域，这些区域由区议会管理。区议会的主要任务是制定区域战略规划，并负责本区域企业和教育的发展。区议会也是各区域的国际事务代表，负责本区域欧盟结构基金项目的管理及执行。区域办公室既是欧盟竞争性项目资金的管理者，同时又是区域发展的主要推动者。因此，区域政府与应用科学大学虽然不存在隶属关系，但区域政府的这两个身份使其成为应用科学大学科研发展的关键利益相关者。

案例学校 T 校与 X 校分别属于坦佩雷地区和南萨沃区和屈米区

（见表3-5）。坦佩雷地区属于芬兰第二大经济区，也是发展最快的区域；南萨沃区和屈米区属于芬兰东南部地区。应用科学大学作为区域发展的重要行动者，参与战略规划的制定和执行，区域规模对应用科学大学的重要性产生了重要影响。

> 在芬兰，我们地区非常有参考意义。赫尔辛基有160万人，我们地区只有15万人，这是相当少的。而且没有研究型大学，这就是为什么X校对我们更重要。（区域政府代表X-PG，P27，L16-21）

同样，应用科学大学也对区域发展产生了积极作用。

> X校是我们区域发展的关键行动者，也是我们的重要的合作伙伴。不仅是教育，他们的研发更是对区域发展的支撑。当然，我们的战略规划的制定和执行，也离不开区域内其他组织和机构的参与。但X校是这个过程的关键参与者，校长本人就参与了区域战略规划的制定。（区域政府代表X-PG，P25，L39-42）

表3-5　两所案例学校所在区域情况对比

学校	所在区域	人口	高校	主要产业	研发中心
T校	坦佩雷	50万人	UTA TUT T校	顶级通信技术；智能机器，生命科学，制造业，创意企业，清洁技术和能源，纳米技术；水力学与电子学；设计和工程；控制和软件；产品开发，测试和仿真；动力与传动；制造和清洁技术；装配；顶尖的制造业	瑞盖细胞和组织中心，芬兰科学院卓越中心芬兰国家技术研究中心（VTT），坦佩雷外科教育中心，UKK研究所，SIIK眼科创新研发中心等10多家国家级研究中心

续表

学校	所在区域	人口	高校	主要产业	研发中心
X 校	南萨沃区	15 万	M 校	能源,建筑,木材制造和纸质加工制造,金属与技术产业等	大学校区
	屈米区	18 万	K 校	森林及造纸产业集群,物流,海事,两大港口	–

资料来源：笔者根据坦佩雷、南萨沃和屈米网站信息（2015）整理①。

（2）地方政府与应用科学大学。地方政府是指应用科学大学所在市的市政府。地方政府根据芬兰宪法和地方政府法行使对当地事务的管理权限。2014 年以前，应用科学大学的所有者和维持机构都是所在市的市政府、市政联盟或基金会。2014 年以后，应用科学大学作为股份有限责任公司运行，主要控股方依旧为学校的所有者，即市政府、市政联盟或基金会。如 T 校的主要拥有者是坦佩雷基金会（占 87%的股份）；X 校有 4 个校区，分布在 4 个小城市，其所有权属于 4 个校区所在城市的市政府。

市政府拥有学校的校舍和土地的所有权，学校从其下属的物业管理公司租用校舍和土地。同时，市政府派代表参与应用科学大学董事会。多数情况下，市政府董事代表担任董事会主席，对学校的战略发展、预算以及校长选聘等有一定的影响力。例如，X 校董事会有 8 个成员，除 2 位来自校内，其他 6 位全部来自学校各个校区所在城市的市政府，且董事会主席和副主席由两个比较大的校区所在城市的市政府代表担任。X 校为了加强与各地方政府联系，每个校区设有区域主任若干，负责不同领域与地方的合作。不同城市的市政府对学校有不

① https：//contactfinland.fi/entry/tampere/； https：//contactfinland.fi/entry/south-savo/（2015）.

同的诉求。4个市政府之间经常因为学校资源分布不平衡产生讨论和不满，学校不得不做出妥协。

> 所有的城市都希望他们的城市得到最好的教育资源。我和库沃拉市发展主管有联系，他有意请我们学校在库沃拉市安排更多的物流和工程教育，这些课程大部分在科特卡校区。我认为这是个好主意，就去科特卡市协调。科特卡市当然不同意，他们要首先保证教育资源在自己的城市里。因为各个市政府在 X 校董事会都有代表，所以遇到此类问题，很是头疼。这是消极的一面。（科研主任 X-RD2-LS，P11，48-52）

此外，市政府会提供少量竞争性科研项目资金，用于支持当地市政发展。2018 年，T 校的市政项目资金占学校年度总经费的 3.2%，X 校的市政项目资金占学校年度总经费的 4.1%。市政府以经费激励引导应用科学大学投入市政府期待发展的项目。

> 市政府虽然是我们学校的所有者，但没人能强迫我们做任何事。如果应用科学大学在战略上对当地很重要，那么市政府可能会给大学额外的经费。（校长 X-P，L63-65，20181001）

由此可见，地方政府作为应用科学大学所有者，通过担任董事参与了高校的内部治理。同时，城市作为应用科学大学的外部环境，其经济发展水平、文化传统以及发展需求都会影响应用科学大学的发展。作为重要的利益相关者，地方政府对应用科学大学的评判，既来自对其发展质量的认知，又基于大学对该市的贡献。因此，地方政府为应用科学大学提供了认知合法性和规范合法性。如果应用科学大学的水平不能满足地方发展的需求，也不会得到政府的认可或获得相应的经费和政策支持。

（3）企业与应用科学大学。作为应用科学大学外部关键利益相关者，同区域内的企业（主要指中小企业）既是应用科学大学的重点服务对象，也是应用科学大学潜在的客户和合作者。企业与应用科学大学之间的关系类型，依赖于企业对应用科学大学学术科研水平以及价值的认可和评判。通过对 X 校和 T 校的访谈，可以发现企业对应用科学大学有两种不同的认知。

首先，在科研定位方面，科研要服务于企业。根据 2003 年修订的《应用科学大学法案》，应用科学大学的科研活动要适应并满足企业的需要，也要适应区域经济的结构和发展。在这一时期，各个应用科学大学结合区域发展需求和教育部的要求，聚焦各自的核心领域（Focus Area）。核心领域的凝聚过程，也是应用科学大学的专业领域、科研领域、教师科研人员的专业领域以及学校未来发展战略方向的重新定位和整合过程。经过这个过程，应用科学大学的核心领域得到了确立，较好地实现了应用科学大学在区域中的功能定位，也形成了应用科学大学与当地企业发展之间比较稳定的对标。

例如，T 校在聚焦过程中，不仅考虑了企业的需求，还考虑了如何与同区域内其他两个研究型大学形成差异化互补。该校最终确定的 5 个核心领域是教育教学法、节能和健康的建筑环境、创业和创新、智能机械设备、保健和社会服务。

> 自 2005 年起，我们开始确定我们的科研领域。我们也与本区域的另外一家应用科学大学商讨，后来我们两家大学走向合并，努力地整合两个学校的科研领域。（科研处处长 P，P25，12-16）

企业对于应用科学大学的价值认同和期待，因区域情况不同略有差异。就 T 校来说，由于本区域有两所研究型大学和若干研究机构，比如芬兰国家技术研究中心（VTT），企业对 T 校科研水平和质量的认知度并不高。T 校确定了科研活动首先服务于本校的教育教学活动的原则。因而，该校多数科研项目的实施是与其他高等教育机构、公司、公共部门组织和非营利组织合作完成的。

> 事实是，VTT 有很好的研究设施，既做基础研究，也做应用研究。但他们从大公司得到的经费主要用于应用研究。为了得到大公司的经费，他们做了大量应用研究。（科研经理 K，P23，L38-41）

其次，"企业购买我们的知识"，科研需要行业的认可。企业对应用科学大学科研水平和资格的认定是一个动态变化的过程。当企业肯定和认可学校的科研水平后，才会购买学校的服务或资助科研课题，或者要求学校共同进行科研或课题研究。X 校社会福利科研主任表示：

> 有这么多的合作伙伴和利益相关者信任我们，并要求我们支持他们的业务或他们的发展工作，或者一直有更多的企业家和利益相关者聘用我们的专家支持他们的科研。我认为这是一个很好的信号，我们擅长研发和创新（RDI），因此他们邀请我们。（X-RD1-SW，P3，L13-16）

作为应用科学大学的关键利益相关者，企业不仅能为应用科学大学的科研发展带来经费收益，还可以为老师和学生提供科研实践机会。

企业与应用科学大学的合作情况影响政府对应用科学大学区域影

响力的评价。政府对应用科学大学区域影响力的评价标准一个是应用科学大学从工业企业直接获得的项目经费，另一个是应用科学大学从政府公共渠道尤其是从就业与经济部获得的项目经费。就业与经济部作为负责工业和技术政策事务的政府部门，每年有大量的经费用于支持高校有关企业的研发。因此，应用科学大学若能从这两个渠道获得经费，可以间接地反映出企业对应用科学大学的需求及对其科研水平的认可。

例如，X 校 2018 年从企业获得的直接项目经费占学校总科研经费的 17%，从芬兰就业与经济部获得的项目经费占学校总科研经费的 18.3%。两项经费额度都远远高于 T 校的同类费用占比。

同时，项目申请成功率以及外部经费的数额直接关系到应用科学大学的声誉。例如，X 校的外部科研经费连续 5 年（2015～2019 年）名列芬兰应用科学大学之首，大大提升了其科研水平在区域以及行业内的知名度。周边企业纷纷邀请 X 校与其合作。换言之，应用科学大学的科研水平获得了企业等关键利益相关者的认知合法性。

（4）学术界与应用科学大学。作为同区域内的重要行动者，研究型大学和研究机构对应用科学大学的评判处于不断变化过程中。在应用科学大学建立的最初阶段，作为学术同行，研究型大学和研究机构的学术人员认为应用科学大学不具备大学的水平，将其归为"非大学"系统。

这一点在 T 校得到了印证。T 校周边有两所研究型大学，在 T 校 1992 年建校后相当长的一段时期内，这两所院校认为 T 校没有科研能力，只适合做"测试"或进行培训。研究型大学认为将公共科研经费分配给应用科学大学是一种资源的浪费。2000 年起，T 校管理层施行了一些新举措，如从企业引进专业的管理人才，以提升科研发展水平等。这些做法引起了周边学术界同行的不满。

当年，研究型大学的一些人，特别是一些老教授对我们不满意。他们认为我们没有科研能力足够好的人，没有好的设备设施，认为我们只能测试。他们有点害怕公共资金将来会流入应用科学大学。他们瞧不起有应用科学大学背景的人。（科研经理 K，P23，L1-7）

2005 年，应用科学大学校长联盟（ARENE）将多科技术学院（Polytechics）改为应用科学大学（University of Applied Sciences），学术界尤其研究型大学对此表示强烈不满并提出了尖锐的批评：

大学的使命是进行学术研究，并在此基础上提供教学和研究生教育；而多科技术学院的主要使命是为劳动力市场培训专业人员和促进区域发展，同时进行少量的实用或实践研究开发，因此他们称自己为应用科学大学是在混淆视听。（当地媒体报道）

2007 年以后，芬兰应用科学大学的教学水平和质量得到了提升。应用科学大学全职教师拥有博士学位的比例为 9%，副博士学位比例为 10%，硕士学位比例为 68%。2010 年以后，教育文化部的质量评估体系将吸引竞争性资金能力，尤其是来自芬兰科学院和芬兰创新署的项目资金，作为评价应用科学大学和研究型大学的一个重要指标。这些项目大部分是应用型科研项目。因此，研究型大学和研究机构在申请项目时，逐渐开始邀请应用科学大学的同行参与。研究型大学和研究机构的学术同行对应用科学大学的认知和评价也得到一些改观。科研经理 K 博士作为 T 校首位专职科研人员，自 2000 年到 T 校工作至今，他认为：

大约在 2006 年前后，研究型大学的人对我们的认识改善了一些。一部分是因为我们和他们在教学上有合作，加上一些老教授退休了，新来的人有更广阔的视野。应用科学大学正在努力做研究型大学能做的事。在某些过程中，他们也需要我们，我们的角色有点改变了。（科研经理 K，P23，L9–12）

总之，同一区域内的研究型大学和研究机构，也就是学术界对应用科学大学的学术和科研水平的评判经历了从"轻视"、"质疑"到"认同"的动态过程。

在跨区域合作方面，X 校的情况显示越来越多的研究型大学或研究机构的科研人员应聘或流动到应用科学大学，研究型大学与应用科学大学从事的科研项目同质性越来越明显。在此情况下，芬兰逐渐出现了研究型大学与应用科学大学之间的竞争现象，尤其在争取欧盟经费以及芬兰科学院和芬兰创新署的经费方面。

我是应用科学大学成立时期的大学生。我认为建立应用科学大学是非常明智的。在我们那个时代，有一种理解，它们就是研究型大学，我们是应用科学大学，两者之间有某种等级。但是现在，我认为它变得平等了，更多的人尊重应用科学大学。我发现近三四年来，研究型大学的人员越来越多地来应用科学大学工作。大学的教授和高水平的研究人员也有兴趣参加应用科学大学的 RDI 活动。因此我感觉与过去相比，现在研究型大学和应用科学大学的关系有点倒过来了。我本人也是典型的例子。当然是否能看到这一点并不重要。由于 RDI 的存在，应用科学大学的识别度不断提高，我们的 RDI 在为"现实生活"工作。也有一个原因是研究型大学预算的变化，对各种经费的竞争越来越激烈。因此，纯粹做研究的空间越来越小。研究型大学或研究机构不再是以前理想的工作环境了。还有一些人认为，为企业家、组

织和公司工作更自由，可以比在研究型大学更清楚地看到工作的现实相关性。（X-RD1-SW，P23，L23-36）

第二节　科研功能发展历程

芬兰应用科学大学系统的组织环境由国家（国会、教育部）、区域（欧盟）、地方政府、学术界和其他社会利益相关者组成。应用科学大学在组织结构及行为上，服从国家法律的约束、政府政策期待、大学和学术界的要求以及社会利益相关者的需求（Kyvik et al.，2010）。国家的法律、政策等规制性要素，区域（欧盟）大学和学术界以及社会利益相关者通过技术标准、质量评定、人员资格等规范性要素，以及对应用科学大学的科研定位认知、价值期待、功能需求等认知要素，构成了应用科学大学科研发展的制度环境。不同的利益相关者通过不同制度要素对应用科学大学进行评判，同时也为应用科学大学科研发展带来不同的合法性。换言之，不同来源的多重合法机制共同作用，促进了应用科学大学科研功能的确立。

根据 Levine（1980）对创新过程制度化阶段的划分方法，本书将案例学校的科研功能发展实践划分为三个阶段，即需求探索阶段（1992~2003年）、规划形成阶段（2003~2014年）、调整及制度化阶段（2014~2019年），不同发展阶段的合法性及其来源如表3-6所示。

本章对两所案例学校的分析表明，在每个发展阶段，应用科学大学的多个利益相关者通过不同的制度要素为其带来了不同的合法性，而且这些合法性的重要性不同。在需求探索阶段，起主要作用的是来自企业和地方政府的规范合法性和认知合法性；在规划形成阶段，起主要作用的是来自国家（国会、教育部）的管制合法性；在调整及制度化阶段，最初起主要作用的是来自国家（国会、教育部）的管制合法性，后期主要是欧盟资助机构的规范合法性发挥了主导作用，其次是来自企业的认知合法性。

表 3-6　不同发展阶段的合法性及其来源

发展时期	管制合法性来源	规范合法性来源	认知合法性来源
需求探索阶段 （1992～2003 年）	无	企业	地方政府、企业
规划形成阶段 （2003～2014 年）	国会、教育部	企业	地方政府、企业
调整及制度化阶段 （2014～2019 年）	国会、教育部	欧盟、各部委、芬兰商业等资助机构、企业、学术界	地方政府、企业、学术界

一　需求探索阶段(1992～2003年)：规范合法性与认知合法性的共同作用

需求探索阶段是指应用科学大学系统初建至国家正式颁布法律赋予其科研功能之间的这段时间，即 1992～2003 年。这一时期应用科学大学的主要功能是教学和社会服务，但由于当地工业企业和地方政府的需求，两所案例学校开展系列"类科研"活动，即"测试"和"开发"活动。

T 校前身是坦佩雷工程技术学院，属于高等职业学校。其历史最早可追溯到 1912 年，是芬兰的第一所工程技术学院。在 1992 年以前，该校的主要职能是为企业培养技术工人，同时作为工厂或企业的"测试车间"，承担设备或机器的检测任务。其教师队伍基本是来自企业的工程师。当时该校的教学采用了师傅带徒弟的方式，工厂师傅作为兼职教师，学生作为徒弟，主要教学内容是在车间或厂房开展仪器或设备测试，或者基于实践问题的小型研发。学生论文也是基于实际问题的技术改造或开发。

1992 年 T 校升格为应用科学大学。虽然成为一所应用科学大学，但仍旧保持了其工程技术教育的优势和特色。学校并没有专职的科研人员，从事测试、改造和研发的主体依旧是教师。

> 20世纪90年代初，法律并没有要求应用科学大学开展科研，我们的任务是教学和服务区域发展，没有研发。2003年新的法律第一次提到应用科学大学的研发任务。当然，因为我们充当工业和地方组织的测试实验室，做"开发"项目已经有100多年的历史了。（副校长B，P6，L40~45）

与T校专注企业测试的传统不同，X校在区域政府和市政府的支持下，积极开发项目，解决市政发展中的问题。

X校前身是建于1905年的尼卡里拉森林学校。该校于1960年发展为米凯利技术学院，校区分布在米凯利和萨翁林纳两个城市。1992年，该校合并了十多个职业学校后，升格为米凯利应用科学大学（M校）。学校专业领域包括森林、环保、建筑、护理、青年教育等。M校由米凯利市所有和运营，也是当地唯一的高等教育机构。1990年起，米凯利市开始委托并资助M校开展开发项目，为当地市政服务。

> 从1997年开始，我们学校就开始做环境方面的研究项目了。环境和木材项目是学校的第一批研究项目。我做类似的项目已经20年了，项目都来自南萨沃地区萨翁林纳市。（科研经理X-RM1-ES，P9，L14-16）

综上所述，在需求探索时期，两所案例学校之所以能够开展一些"类科研"活动，一是企业和工厂对应用科学大学作为测试和研发的技术水平和能力资格的认可，这些认可为应用科学大学带来了规范合法性。二是地方政府作为应用科学大学的所有者，能够委托并资助应用科学大学开展有关研发项目。这一方面是基于对应用科学大学研发能力的认可，另一方面是对应用科学大学作为本地区发展中重要行动者功能的认同。所以地方政府与应用科学大学建立了合作关系，共同服务于地方发展。可以说，地方政府通过委托项目为应用科学大学带来技术和认知层面的双重合法性。因此，当时企业以及地方政府的认可及合作有效促进了应用科学大学科研的起步。

需要说明的是这一时期的"类科研"活动，都是教师个人的探索行为，校级层面并没有相关组织举措和要求。

> 1980 年，当我到 T 校工作的时候，这种与工业企业合作的测试活动非常活跃，一直延续到 1990 年。测试活动是教师通过个人专业联系的，他们收到工厂的需求信息，自己研究、测试、开发。（副校长 B，P7，L4-6）

二 规划形成阶段（2003~2014年）：管制合法性的主导作用

应用科学大学科研功能发展的规划形成阶段开始的标志是 2003 年版《应用科学大学法案》（351/2003）的颁布。该法案明确提出应用科学大学的使命不仅包括培训劳动力市场所需要的专业人才，而且需要进行研发以支持教学，特别是促进区域发展。同时，教育部通过每 5 年的《教育科研发展规划》对应用科学大学科研发展规划目标提出总的要求。此外，教育部与单个应用科学大学协商签订《绩效协议》，并根据应用科学大学绩效进行拨款。例如，从 2004 年起教育部启动了基于科研绩效的第一笔拨款，拨款指标包括各个高校从事科研活动的员工年限、科研规模以及基于项目的毕业论文数等。从 2005 年开始，应用科学大学开始招收硕士生。从 2006 年开始，完成学位的学生数量被纳入拨款指标。在 2007~2009 年的教育规划中，又增加了论文发表数以及学生科研学分等指标。这些法律和政策作为规章制度，为应用科学大学科研功能的发展带来了管制合法性。

为了追求和符合这一管制合法性的要求，两所案例学校采取了一系列改革，使得学校在正式组织结构方面符合政府的规制要求。具体措施包括设立校级科研管理部门、引进专职科研管理人员、聘任有科研能力的教师做科研和学科带头人、由各个院系主任分管科研工作等。其中，本阶段关键的举措是两个学校根据教育部的要求，识别并确定了本校的核心领域。核心领域的确定是应用科学大学依据现有资源及未来发展方向，结合区域发展需求和产业特点，对本校专业领域的整合和聚焦过程。核心领域也成为统领应用科学大学教育、科研和社会服务的基准。

两所案例学校基于核心领域组建了本校的教学科研团队。除聘请的科研管理人员外，教师承担教学、科研双重任务。初步形成了由科研处处长、院系主任（兼任科研主任）组成的科研组织模式。

T 校在规划形成阶段逐渐建立并形成了自己的科研组织模式。该校于 2003 年设立了校级科研管理办公室，从研究机构引进有经验的人员做办公室主任。围绕学校确定的 5 个核心领域，T 校组建了核心研究领域科研团队。2010 年 T 校完成了与同区域内另外一所应用科学大学的合并，整合了两校的核心领域，初步建立了科研与教学融合的嵌入式结构的科研组织模式。

当我们与教育部讨论时，教育部要求我们凝聚自己院校特色，也就是我们现在的核心领域，它反映了我们学校在全国甚至国际范围内的发展优势。这实际上是由我们学校的发展模式决定的。但这并不仅仅是科研发展的核心领域，我们必须通过讨论，使区域的需求在我们核心领域得以反映，这也是应用科学大学为本地区发展服务的重要起点。因此，这 5 个核心领域必须反映该

区域的重要性，这也是我们大学的总体发展战略。（科研处处长
P，P9，L9-12）

除在组织结构上满足管制合法性需求外，应用科学大学同时还受
到地方政府、企业、欧盟和区域等其他利益相关者对其科研水平的资
格评判和价值认知。地方政府和区域政府期待应用科学大学通过发展
科研功能，促进或带动本地区企业和经济的发展。在这一认知合法性
的推动下，应用科学大学作为区域的高等教育组织，获得当地政府委
托或支持，承担有关科研项目。

这一点在 X 校尤为明显。X 校的前身 M 校在这一阶段获得了多
个项目的支持。比如，X 校旗舰科研机构、芬兰最大的纸纤实验室的
前身于 2005 年成立。当时实验室是由所在市萨翁林纳市政厅出资，
由 M 校和一所研究型大学共建的一个纸浆与环境研究所。2007 年南
萨沃地区经济发展、运输和环境中心与 M 校共同申请欧洲社会基金
（Social Fund）项目，设立了青年研究与发展项目。X 校另一个旗舰
研究机构"青年研究与发展中心"（JUVENIA）也是在这个项目的基
础上发展起来的。当年围绕这些项目的设立，M 校吸引并凝聚了一
批致力于科研工作的专职科研人员，为 M 校以后的科研发展奠定了
较好基础。

对两所案例学校的分析发现：首先，在应用科学大学科研功能规
划形成阶段，起主导作用的是管制合法性，即在国家法律、教育文化
部政策的规制作用下，案例学校在组织正式结构方面实现了从教学型
到教学科研型高校的转变。其次，应用科学大学科研功能的发展取得
管制合法性后，提升了地方政府、区域政府对应用科学大学在本地区
发展中作用的期待，因而使应用科学大学获得认知合法性。认知合法
性为应用科学大学带来了科研发展的机会和经费，促进了案例学校科
研功能的实质性发展。

三 调整及制度化阶段（2014~2019年）：多重合法机制共同作用

在调整及制度化阶段，应用科学大学科研功能发展的第一个关键词是"调整"。首先是法律法规的调整。2010年，芬兰法律正式赋予了应用科学大学知识三角（RDI）功能，使其成为芬兰国家创新体系的一个重要行动者。通过应用型研究开发的信息和服务，应用科学大学可以提升本地区公共机构以及企业的能力和竞争力。同时，应用科学大学的科研功能对研究型大学的基础研究起到了有益的补充作用。

2011年，芬兰教育部修订了《教育文化经费资助条款令》，规定应用科学大学的拨款模式每4年调整一次，且逐步对应用科学大学拨款机制进行改革，使得教育拨款中的教育培训占比逐年下降，科研经费稳步提升。2014年新的《应用科学大学法案》（932/2014）发布。新的法案包含两个重点改革，一是应用科学大学法人身份变化，应用科学大学成为股份制有限公司，受《有限责任公司法》（624/2006）约束；二是改革拨款标准，实施以结果和绩效为基础的拨款标准。新的拨款模式中，政府逐年减少教育培训经费拨款，增加科研拨款。2014年教育培训拨款占总经费拨款的85%，科研拨款占总额的15%；2017年教育培训拨款减少至79%，科研拨款维持15%，而战略发展拨款增加到6%。教育培训拨款绩效指标包括获得学位的学生数和修满55个学分的学生数之和、学生满意度、学生流动以及毕业生就业率等；科研拨款绩效指标基于成果发表、硕士生数量以及国际流动和外部资金。

这一系列的调整意味着应用科学大学科研功能发展面临着合法性基础的变化。为了应对这一变化，案例学校在组织层面进行了调整。首先，在组织结构方面，将教学、科研和创新职能进行重新整合。比如，T校在校级层面由分管教学的副校长来负责科研和创新工作；在院系层面，院系主任不再负责科研工作；院校另外制定实行科研核心领域负责人制，任用科研领域带头人担任核心领域负责人。

其次，在人员资格方面，提升教师任职资格，规定首席讲师应具备研究型大学的博士学位或副博士学位，承担教学与科研双重任务。

　　　　自2012年以来，我们一直在讨论应用科学大学的教师角色，我们已经讨论了5年。我们想培养教师从事科研项目的能力，例如，如何成为项目经理，如何向科研项目提供支持意见，如何撰写科研项目申请等。（副校长M，P2，L11-15）

这一阶段，应用科学大学科研功能发展的另外一个关键词是"竞争"。在教育部拨款模式改革后，各应用科学大学之间、应用科学大学与研究型大学之间的竞争甚嚣尘上。

X校副校长认为新的拨款模式太复杂，使得各应用科学大学之间的经费竞争好像"在有隔断的跑道上赛跑"。

　　　　新的拨款模式是一个非常复杂的模型。当你与所有其他应用科学大学竞争时，就像进行一场比赛，但跑道之间有墙，其他人跑得很快，我们不知道谁在后面、谁在前面，当比赛结束到达终点线，我们才可以看到我们做得如何。这真的很难。（副校长X-VP，P1，L19-22）

T校分管科研的副校长则表示应用科学大学与研究型大学的经费竞争日趋激烈。

　　　　新的经费拨款模式对科研有影响。科研型大学和应用科学大学之间展开一场经费争夺战，要获得资源和政府的资金，你必须有越来越好的产出。因为我们的教育水平已经非常不错了，很难做得更好。当我们想获得经费时，我们必须在 RDI 部门做得更好，这方面还有提升空间。（副校长 M，P2，L31-34）

2018 年以前外部经费主要是来自欧盟、教育文化部、就业经济部等有关部委和芬兰创新署国家商业促进局的竞争性项目经费。外部经费最重要的来源是欧盟。应用科学大学要获得欧盟的经费，必须与学术界同行包括研究型大学、研究机构以及其他应用科学大学竞争。为了提升科研水平和竞争能力，案例学校结合本校科研队伍和水平的具体情况，对科研组织结构进行了调整。

T 校建立了科研与教学相结合的矩阵式科研组织结构，该结构的主要特点是全体教师都承担科研与教学的双重任务。

实际上，我们科研组织结构的特点是，任何教师都可以提出对科研项目的想法，也可以提出项目申请。我们会协助安排并为他们提供相应的支持，因为他们中的许多人在撰写项目提案方面不见得有经验。但我们的总体原则是，开展 RDI 是每个人的任务。同时，那些依据自己的专业知识领域和经验提出项目建议的人员，也需要参与项目书的撰写和组织工作。当然，通过参加具有挑战性的科研项目，可以提升教师的能力。（科研处处长 P，P12，L21-29）

X 校建立了科研与教学相对分离的科研组织结构。该模式的主要特点是所有科研人员均为专职科研人员，且大部分是来自研究型大学或研究机构的具备丰富科研项目管理经验的人员。

　　2014 年，组织结构中除了科研主任，还有科研经理。每位科研主任都有几位研究经理，专注于更具体的专业领域。当我们要适应欧盟的经费组织办法，我们这样的组织结构能更好地回应需求并制定战略，反应灵活、行动迅速；也能够了解其他领域正在做什么。因为这些科研主任的关系非常广泛，他们彼此交流，不仅知道我们的领域和项目，也知道其他领域与我们有关的其他项目。（科研主任 X-RD3-DE，P13，L6-9）

　　在这个阶段，案例学校在争取欧盟和荷兰其他部委竞争性项目经费的过程中，科研水平和声誉逐渐得以提升，应用科学大学与学术界同行包括研究型大学和研究机构从最初的竞争者逐渐转为合作者，共同申请竞争项目。X 校近 5 年来（2014~2019 年）外部经费总规模位居芬兰应用科学大学之首，每年同期运行的科研项目有 170 多个，科研合作伙伴多达 300 多个，包括研究型大学、研究机构和其他应用科学大学等。同时，许多企业委托 X 校做科研课题或项目，该校所在的南萨沃区也将 X 校作为区域发展重要的战略合作伙伴。

　　T 校与同区域的两所研究型大学的科研合作项目明显增加，其也成为"区域卓越中心"以及合作伙伴的研发部门。

　　应用科学大学因其高素质的多学科背景教学人员、设备完善的实验室和拥有最新技术的众多学生而被视为"区域卓越中心"。同时，单个的企业或公共机构因资源有限，缺乏多学科学术科研人才和各种实验设施，应用科学大学可以充当这些中小企业或公共组织的研发部门，承担它们的研发任务。（工程学院院长 T-D）

第三节　小结

应用科学大学作为芬兰高等教育系统的有机组成部分，地位与研究型大学平等而不同，两者共同为提高芬兰社会福祉服务。作为国家创新系统的主要行动者，应用科学大学需要为"区域经济发展"服务。这是芬兰应用科学大学的价值定位，也是应用科学大学科研功能确立和发展的逻辑起点。

应用科学大学的科研功能作为一种新的组织实践，它的确立和发展离不开其所在的制度环境。本章分析发现，国家的法律、政策等规制性要素，区域政府、市场、学术界以及社会利益相关者的技术标准、质量评定、人员资格等规范性要素，对应用科学大学的科研定位认知、价值期待以及功能需求等认知要素，组成了应用科学大学科研发展的制度环境。规制性要素为应用科学大学提供管制合法性，规范性要素为应用大学提供规范合法性，认知要素为应用科学大学提供认知合法性。组织是否合法，是由组织场域中的利益相关者来判定的。这些利益相关者也是合法性的来源，通过不同的制度要素为组织带来不同的合法性。在芬兰应用科学大学科研功能确立和发展中，管制合法性的来源是国家，规范合法性的来源是欧盟、芬兰有关部委、学术界（研究型大学、研究机构）、企业，认知合法性的来源是地方政府、区域政府、学术界（研究型大学、研究机构）、企业。

同时，本章分析指出，芬兰应用科学大学科研功能的确立是一个动态连续过程。本章将案例学校的科研功能发展作为应用科学大学的一种组织实践创新，将其分为三个阶段，即需求探索阶段、规划形成阶段以及调整及制度化阶段。研究发现在三个阶段中，不同的合法性对科研功能的确立和发展发挥了不同作用，每个阶段都有一个主导（或相对主导）的合法性在起作用（见表3-7）。

表 3-7　应用科学大学科研发展不同阶段合法性的影响

不同发展阶段合法性类型	管制合法性	规范合法性	认知合法性
需求探索阶段（1992~2003 年）	弱	弱	较弱
规划形成阶段（2003~2014 年）	强	弱	较强
调整及制度化阶段（2014~2019 年）	强	强	较强

在需求探索阶段，没有专门的国家法律和政策涉及应用科学大学的科研发展，仅有 1995 年的《应用科学大学法案》提及应用科学大学可以开展教学相关的科研，属于一种教研活动。在这个阶段，对应用科学大学科研功能确立和发展起主导作用的是企业及地方政府带来的认知合法性。它们对应用科学大学的认知主要是基于自身发展需求，以及对应用科学大学在传统价值上认同。两者在行动上有共同逻辑，是一种"各取所需"的合作关系。同时，对应用科学大学从事的"类科研"活动，如测试和开发的水平有一定的认可和资格认定。

在规划形成阶段起主导作用的是管制合法性。2003 年版的《应用科学大学法案》，教育部的《教育科研发展规划》、《绩效协议》和拨款政策，极大地推动了应用科学大学科研的发展。本阶段管制合法性对应用科学大学的影响最重要。两所案例学校对组织结构进行调整，使其在正式组织形式上满足了管制合法性的要求。在管制合法性影响下，应用科学大学科研人员数量、能力及科研水平处在缓慢发展阶段。案例学校从企业获得少量的开发、测试或研发项目，地方政府和区域政府对案例学校发展科研功能对于促进区域的发展有一定的期待。这些环境变化促使案例学校在这一时期聚焦核心领域，聚焦过程也是与区域发展需求的对标和匹配的过程。区域政府和地方政府的支持为案例学校的科研功能带来了实质性的影响，尤其对区域内没有其他高校的 X 高校来说尤为明显。

在调整及制度化阶段起主导作用的是管制合法性，主要是由于政府经费资助政策的改革，它使得应用科学大学感觉到空前的生存压力。为了应对压力，案例学校结合组织禀赋对科研组织模式进行了改革，整合并优化了科研人员结构，确定了科研核心领域。这些措施直接提升了案例学校争取来自欧盟、各部委及其他机构竞争性项目经费的能力。竞争性评估过程和评审结果，使案例学校获得了来自资助机构的规范合法性，提升了案例学校在学术界及当地利益相关者中的声誉和知名度。这从一定程度上促进了研究型大学和研究机构、企业、地方政府、区域政府对案例学校价值定位的提升，使案例学校获得了认知合法性。认知合法性的获得使案例学校与这些利益相关者合作项目和机会增多，从中获得的经费支持增加。

总体而言，从合法性视角分析，应用科学大学科研功能的确立和发展是管制合法性引导、规范合法性与认知合法性共同作用的结果。通过对两所案例学校科研功能的发展过程分析发现，案例学校发展科研功能的首要动因是维持并遵循国家法律赋予的管制合法性。管制合法性对规范合法性起着先导性和引发性作用；规范合法性是获得认知合法性的基础。科研功能的发展过程是在维持管制合法性的前提下，对规范合法性和认知合法性的不断追求。研究还发现，应用科学大学作为高等教育组织，只有科研水平达到一定的技术规范要求，才能获得经费资助机构、研究型大学和研究机构等同行以及企业的认可，即获得规范合法性。换言之，应用科学大学只有在获得规范合法性后，才能使其社会认知度得到实质提升，获得更高的知名度和更多的社会资源。

以往研究中着重分析了组织合法性分类、来源和评判依据，强调组织合法性的获得（Ruef et al.，1998；Deephouse et al.，2008）。本书通过案例分析显示，组织的三类合法性在组织发展不同时期地位和作用不同，因而组织的处理方式也不同。

第四章　芬兰应用科学大学科研组织
模式演变：组织权变

第一节　环境与组织结构演变

　　组织在维持和取得合法性的过程中，并不是被动地适应环境，而是会根据环境的状态和性质，通过调整组织行为和结构去积极适应环境，以获得环境的支持。芬兰应用科学大学在发展科研功能的过程中，不断适应国家要求，满足区域政府、企业、研究型大学及研究机构的科研定位、价值期待、功能需求，从而获得社会和学术界的认可。在这一过程中，应用科学大学在组织模式和架构上发生了哪些变化？哪些环境因素影响了高校科研组织模式的选择？

　　为了回答这些问题，本章以组织创新理论和权变理论的有关概念为分析框架（见图4-1），对两所案例学校科研功能发展过程进行分析，揭示其在不同发展阶段为了维持和获得"合法性"所采取的应对措施和策略。本章提出，应用科学大学科研运行模式（科研组织结构、科研队伍、教学科研关系）的变化是组织基于环境的性质和状态采取积极应对的结果。相同组织在不同阶段以及不同组织在同一阶段的组织运行模式表现差异明显。

　　根据芬兰《应用科学大学法案》（2003），芬兰应用科学大学的

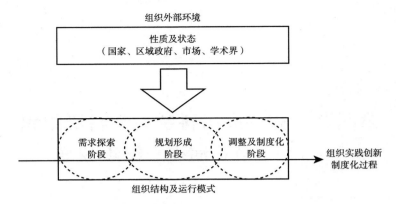

图 4-1　组织外部环境与组织创新过程关系

科研应服务于技能人才培养、区域发展。科研功能发展实践中，由于应用科学大学所处的组织外部环境不同，芬兰应用科学大学采取不同的科研功能发展策略，大致可以分为两类。一类是整合策略。整合策略注重教学与科研相融合，有助于维持院校课程开发和区域发展项目的结合、教师与科研项目的结合，但不能有效实现专家和专业知识的聚集。另一类是分离策略（Välimaa et al.，2010）。该策略强调科研效率，科研与教学相对分离但合作紧密，团队专业高效，能迅速实现知识积累（Kajaste，2018）。

　　基于两所案例高校的分析，本章对这两类高校科研组织策略及组织结构进行了归纳和对比，讨论了组织外部环境和内部环境对高校科研组织模式的影响。

第二节　科研发展历程及组织模式演变

一　整合策略下科研组织模式演变

1. T 校区域环境

T 校所在的坦佩雷市是皮卡马（Pirkanmaa）地区的首府，也是芬兰第二大经济城市，人口 50 万人。历史上坦佩雷是传统工业城市，曾享有"北部曼彻斯特"的称号。进入知识经济时代，坦佩雷成功转型为全球知识生产基地，工业依旧在经济中占有较大份额。坦佩雷属于多类型、多层次产业和知识生产中心，拥有公共机构和企业3000 多家，其中 2000 多家为企业，既包括冶金、化工、机械、森林、建筑、食品工业等传统产业，也包括大量的智能机器、电子信息、洁净能源技术等新兴知识产业。同时，坦佩雷市还拥有坦佩雷大学（UTA）、坦佩雷理工大学（TUT）和 T 校三所高校①以及芬兰国家技术研究中心（VTT）、华为坦佩雷研发中心等十多家大型研发机构。

坦佩雷市庞大的经济产业商圈、全面的服务网络以及高水平的教育和研发资源，吸引了越来越多有抱负的年轻人和企业进入该地区，为区域的发展注入了活力。芬兰就业与经济部对芬兰各地区优势调查结果显示，坦佩雷的优势被确定为无障碍环境，有吸引力的教育机构和不断发展的、充满活力的区域中心。坦佩雷的研究和发展投资显著高于全芬兰平均水平，按研发强度来比较，该区域的排名也很高。

众多的商业企业能选择在坦佩雷落户，除积极的营商环境外，3 所高水平高校和研究机构也是一个很重要的因素。商业企业不仅期待与高校和研究机构在技术、产品、服务开发以及设备测试等方面开展合作，更希望能从高校招聘到合适的专业技术和技能人才。

　　在坦佩雷地区创业是件好事。我们与 TUT、T 校和 VTT 等区域行动者开展了大量合作。我们希望能够继续灵活地利用 TUT 和

① 2019 年 1 月 1 日，T 校与其他两校合并，组成坦佩雷大学社区。但是 T 校作为应用科学大学，受《应用科学大学法案》保护和约束，在学位授予方面，继续持有独立授予应用科学大学学位的权力。

T 校设备齐全的实验室来进一步发展各项技术。（Forciot 物联公司执行总裁 Maira，2017）

对于 T 校来说，同区域内有两所研究型大学和多所研究机构，既是机遇也是挑战。一方面，聚集的教育与科研资源为 T 校吸引了优秀的教师和学生。

坦佩雷是个很好的城市，教师们很愿意来这里工作。同时本市还有其他两所大学，这些都是吸引高素质教师的因素。（T 校分管 RDI 副校长 M，P3，L5-7）

另一方面，T 校必须找准院校定位，在教育、科研和社会服务方面，都需要与两所研究型大学和研究机构形成差异化发展。

在科研定位上，T 校强调动手能力、实践开发以及与现实生活的密切联系，以区别于研究型大学。

作为应用科学大学，我们的研究、开发和创新属于应用研究。我们的 RDI 项目主要是对实践的开发，例如我们为企业家、社会工作者或一些医院的工作实践开发新的应用、提出新做法。我们最大的特点是在科研活动中需要亲力亲为，所以我们与职场有着非常密切的联系。我们懂得如何将新的研究成果付诸实践。这就是与研究型大学的主要区别。（副校长 M，P1，L22-26）

与研究型大学科研相比，T 校认为应用科学大学科研的另外一个突出特色是学生在科研活动中扮演的角色不同。在应用科学大学，学生参与科研活动是课程要求之一，且大部分学生有实践经验和动手能力，比如收集资料、发放问卷等。对 T 校的学生来说，参与研发活动很容易，但研究型大学的学生大多不具备这样的能力，因为他们没有实践经验。

根据 T 校分管科研副校长 M 介绍，近几年来，80%的科研项目是与研究型大学或研究机构共同申请的。

> 在 UTA 或 TUT 中，老师们不能要求学生去做科研，必须自己做所有的研究工作。因此，他们在申请新的项目时，总是会问我们要不要一起参与，他们负责项目的科学理论设计部分，我们负责实际操作部分。（T 校科研经理 K，P43，L13-24）

2. T 校传统及特色

T 校传统上与企业有着密切的联系。T 校在学校主页上对自己的介绍是一所多学科的国际应用科学大学，其重点是提升健康和福祉、商业和技术以及学习和创造力。

> 我们已经有了 100 多年为企业做"开发项目"的历史。我读过一篇关于我们学校开展"开发"活动的历史资料。我还看过一个电视节目，介绍如何在我们这里测试新车，主要是进口车的测试，就在这栋大楼里。我们的汽车图书馆有这样的测试设施……所以我们学校与企业合作的历史很长。但主要是基于员工的兴趣，因为大部分教师来自工业领域，已经工作了 5~10 年。他们与工业界有良好的联系，对测试也感兴趣。（副校长 B，P10，L43-49）

在升为大学以前，T 校的教师队伍大多来自企业的工程师或技师。教学采用师傅带徒弟的方式，工厂师傅作为兼职教师，学生作为徒弟。主要教学内容是在车间或厂房开展仪器或设备测试，或是基于实践问题的小型研发。学生的论文选题也是基于实际问题的技术改造或开发，学校没有专职的科研人员，从事测试、改造和研发的主体依旧是教师。

副校长 B 以前分管开发和服务，他在访谈中介绍了 T 校兼职教师的变化情况。

> 20 世纪 80 年代，我们每年有大约 700 名兼职教师。现在我们只有 100 名兼职教师。现在他们大多每周只教 2~3 个小时，有的每周教 10 个小时。（副校长 B，P7，L16-17）

1992 年，T 校升格为应用科学大学后，仍然与企业保持着密切联系，尤其是在教学方面与企业紧密合作。比如，学生被要求有企业实习经历、毕业论文要基于工作中的实际问题等来展开。

> 我们与企业在多个方面密切联系，这也一直是我们课程的要求。学生需要到企业实习，而且有明确的学分要求，教师也要去职场学习或工作。学生得到教师和企业师傅的双重指导，在最后的论文设计中，学生也从企业或公司中得到他们的指导。（副校长 M，P1，L29-33）

T 校以高质量教育而闻名。T 校从建校起就专注于工程技术教育，成为应用科学大学后，学校依旧保持了其工程技术教育的优势和特色。"好的教育"已经成为 T 校的一个品牌。T 校每年的录取率为 5：1，在同类高校中名列前茅，这保证了它拥有优秀的生源。

> 教育和教学是我们的传统和优势，在这方面我们历史悠久。

早在 100 年前，我们就开始工程技术教育了。（副校长 M，P3，L4-7）

T 校的所有工作都围绕保持并提升 T 校的教育质量进行，科研服务于教育和教学。学位项目主任 U 认为科研必须与教学相结合。

> 科研越来越重要，它是我们的使命之一，也有大量经费可以申请。教育和科研不能分开，它们应该结合在一起。将科研与教育分离是非常危险的。从事研究和教育工作的人要么是同一个群体，要么他们要密切合作。只有通过这种方式，才能帮助和促进学生创新。（学位项目主任 U，P15，L39-43）

T 校在科研与教学结合方面有以下几个特点。

第一，教师即科研人员。教师具有教学及科研双重任务。在遴选新教师时，尤其是首席讲师，候选人必须具备研究型大学的副博士以上学位（介于硕士与博士之间），有一定数量的论文发表，具备三年企业或公共单位工作经验。同时，高校在面试时也会考察他们的科研兴趣和能力，例如是否有参与科研项目的经历、是否会撰写科研申请、是否有较好的沟通与协调能力等。

> 对我们的教师来说，不仅要做好教学，而且要参与研究。当我们有研发项目的时候，我们的教师也是积极的研究者，他们要与学生一起进行教学和研究，这是一种教育和科研的整合。我这里说的教师，主要是指讲师和首席讲师，他们有教学和科研双重任务。（副校长 M，P1，L36-40）

第二，学生参与科研活动。T 校要求学士学位的学生至少有 5 个学分来自研发项目的参与。硕士学位学生普遍参加研发活动，这些硕士学生一般具备至少三年的工作经验，大多来自工业或公共管理领域，具备参与研发活动的能力。

第三，基于教育核心领域来组建科研团队。T校根据区域战略重点及学校优势，确定了5个核心领域，即教育教学法、节能和健康的建筑环境、创业和创新、智能机械设备、保健和社会服务。基于这些核心领域，T校建立了横跨7个院系的科研团队，这些核心领域与7个二级学院的专业有机融合，形成资源和人力共享。

3. T校科研组织发展历程

本书将T校发展历程（1992~2019年）划分为需求探索阶段、规划形成阶段、调整及制度化阶段（见图4-2）。各个阶段的科研组织也呈现出不同的模式，三个阶段依次为个人探索模式、院系模式、矩阵模式。

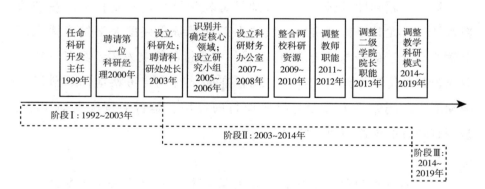

图4-2　T校科研发展历程

阶段I——需求探索阶段（1992~2003年）：

"开发也是一种研究"

2003年之前，科研并不是应用科学大学的核心使命。在T校教师和管理者眼里，T校所开展的"开发"、"测试"以及"实践问题探究"等属于一种类型的"实践研究"。

> 我们的重点是如何利用科学研究的结果。我们也自己做研
> 究，但更多的是一些实践研究，"测试"事物在现实中是否能有
> 效。对应用科学大学来说，"科研"意味着对科学研究结果的
> "测试"。你有一个理论性科学研究，得到了一个结果，有人必
> 须测试它有效与否。"开发"也是一种形式的"研究"。（副校长
> B，P6，L5-9）

"开发"主要是指当地企业或公共机构委托 T 校来开发某种产品
或服务。此类开发活动以科研为基础。"测试"是指 T 校应企业或商
业客户要求，对已有科研成果或产品进行检验。"实践问题探究"指
学生针对实践中的问题，在工厂师傅或工程师的指导下，通过毕业论
文设计和写作对问题进行探究。

学位项目主任 U 是 20 世纪 80 年代在 T 校就读的学生。

> 当时，毕业论文和毕业设计是所有学生必须要完成的任务。
> 这也是我们接触的第一类研究。（学位项目主任 U，P13，L17-
> 18）

1999 年前后，学校开始尝试从院校层面为科研发展做准备。同
年，T 校设立科研开发主任一职，受访者 B 即为第一任主任。2000
年，该校又聘请了第一位专职的科研经理，协助并支持科研开发主任
的工作。

> 20 世纪 90 年代末至 2000 年初，我担任这里的开发主任。
> 当时大家都知道，法律将会规定应用科学大学新的使命，所以我

们比较早地开始了一些研究和开发活动（R&D）。（副校长 B，P5，L6-9）

这一时期，T 校的院校管理层意识到科研将成为应用科学大学新的功能，并且进行了一定的探索，但并没有形成整体的规划和安排。科研活动的主要形式也只是一种与科研相关的"类科研"（Testing and Development）活动。参与"类科研"活动的教师和学生都是基于个人兴趣、依托个人资源和社会关系自主开展项目。

2003 年前，我们大学与行业之间合作是自下而上开展的，主要基于个人社会关系。我们在大学层面没有促进它们合作。（副校长 B，P9，L28-29）

阶段 II——规划形成阶段（2003~2014 年）：
"用项目经费提升团队的能力"

这一阶段，学校管理层实施了一系列措施，如制定了系统的科研发展规划，设立了科研处，引进了专业管理人才，识别并确定了核心领域等。在这一过程中 T 校探索并建立了以院系为基础的垂直科研组织模式（见图 4-3）。

在院系垂直科研组织模式中，分管科研及服务的副校长、科研处处长以及与各院系主任共同组成三级科研治理模式。科研处作为学校科研活动统筹单位，主要职责包括：（1）结合学校重点领域，确定核心领域（Focus Area）；（2）统筹确定并推进与学校科研发展规划相关的科研项目；（3）协调地方政府资助的课题工作；（4）指导并支持项目和课题负责人开展工作。科研职能由院系负责，院系主任兼任科研领域负责人全权负责院系有关科研活动。科研处设置科研领域协调员，与院系保持联系，同时设立项目专家协助学校科研核心领域相关课题的申请。科研处处长直接向副校长汇报工作（见图 4-3）。

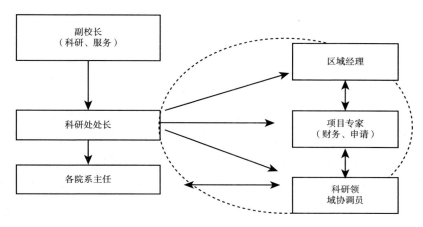

图 4-3　T 校院系垂直科研组织模式

该模式下的科研工作有两个特点。第一，科研活动目标很明确，即通过执行科研项目，提升专职教师的素质和能力。院系主任兼任科研领域负责人，负责本院系教师科研活动的统筹和开展。

　　不足之处是院系主任的工作庞杂，专门用于科研管理和推进的时间和精力太少。在科研项目的申请和管理方面，具有很强的院系导向，不能兼顾学校整体。（科研处处长 P，P12，L2-4）

第二，注重科研管理及服务的专业化。具体而言，T 校采取了各种措施。（1）从企业或研究机构引进具有丰富科研管理经验的管理人员。如科研处处长（科研处处长，受访者 P）有 10 多年在芬兰最大的技术研究机构、芬兰国家技术研究中心（VTT）工作的经验，他先后担任 VTT 高级研究科学家和科研经理，既有研究经历，又有丰富的管理经验；T 校的第一个科研经理（受访者 K），来校前"有自己的公司，开发自动化环境设施"。（2）在科研处设立项目专家岗位，为教师提供专业支持。例如，财务专家谙熟各种公共项目经费资助管理办法和流程，可以为各个院系的科研活动经费提供咨询和帮助。

2010 年 T 校与另一所高校 P 校正式合并。在 T 校科研组织模式形成过程中，一个重要工作是吸纳并融合了 P 校的科研队伍和研究领域。在此之前，P 校的科研运行模式与 T 校的完全不同。P 校的模式是研究和开发部门与教学团队完全独立，即教师不参与科研活动，研发部门负责所有科研活动的申请和执行。具体做法是在获得一个新项目时，学校便根据项目需求招聘一批临时项目人员；项目完成时，再将其解雇。这种经营模式的最大局限是不能培养出长期稳定的科研队伍，不能促进学校整体科研能力的提升。

> 分离模式中，教师能力得不到发展和提升。我以前在技术研究中心工作时的老板说："我们应该用客户的钱来提升我们的能力。"因此，我认为 T 校目前的模式可以帮助我们实现这一点。当我们从项目中获得外部经费时，就应该通过这些机会来提升我们教师队伍的能力。（科研处处长 P，P12，L44）

在两校合并后，P 校的科研运行模式被 T 校的整合模式取而代之。

需要指出的是，T 校科研模式的形成也是一个不断探索、调整和演变的过程，并非一个提前经过规划和设定的模式。

> 我认为 T 校科研组织模式的形成经历了一个逐步演进过程。它开始于 2003 年，当时我刚刚加入了 T 校，我们开始制定我们的科研战略。在 2005 年或 2006 年，我们开始确定研究领域。我

们与后来合并的另一所应用科学大学进行了讨论，尽量融合我们的核心领域。（科研处处长 P，P13，L35-40）

阶段Ⅲ——调整及制度化阶段（2014~2019 年）："科研是每个人的事情"

这一阶段，T 校在全院倡导"科研是每个人的事情"，创建了"矩阵结构"的科研组织模式（见图 4-4）。"矩阵结构"的特点是，在保持原教学院系结构不变的前提下，重新调整 5 个核心科研领域，将核心领域从院系中剥离出来，组建跨学科科研攻关团队。学校所有教师都可以提出课题或项目创意。

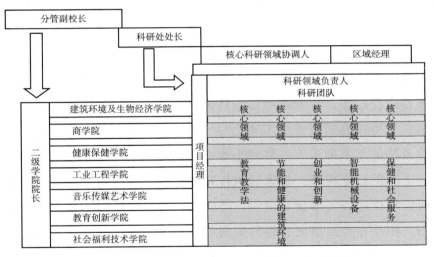

图 4-4　T 校"矩阵结构"的科研组织模式

项目创意（Project Ideas）一般来自三个方面，一是来自教职工及学生与公司、公共部门或第三部门的日常联系过程，了解到他们所需要解决的实际问题；二是来自学校内部，如教学过程中遇到的新技术；三是完全来自个人生活中的灵感，即"从清澈的蓝天中"产生的。项目创意演变成项目要经过复杂的程序。项目创意申请人首先在网上提交有关内容。提交的内容除项目基本信息如项目内容、规模、经费来源等信息外，还需回答下列有关项目战略重要性的问题：该项目如何加强 T 校的战略主题？该项目如何使学校更国际化？该项目如何与学习和教学相结合？该项目如何满足区域发展和大学合作伙伴的需要？该项目如何加强学校的战略伙伴关系？最后由分管副校长领导的创意评估小组对项目创意进行评估和排序，符合学校发展战略的项目获准立项。

围绕"矩阵结构"科研组织模式的创建，T 校进行了 5 个方面的改革。一是设立核心科研领域负责人。院系主任不再负责核心科研领域，核心科研领域负责人必须是某一领域的专家，一般是首席讲师或教授。负责人 50% 的时间可以用来开展科研活动，剩余 50% 时间用于教学及其他事务。负责人的主要任务包括与外部的行业、企业、公司、公共机构保持密切联系，挖掘并开发新项目机会；与校内有关教师保持密切沟通，不定期组织本核心科研领域新项目研讨会，对潜在新项目进行论证；负责新项目的具体申请工作。二是设立不同的科研小组，支持核心领域开展工作。一个科研小组有 6~8 人不等，从不同院系挑选学术带头人。科研小组成员也是潜在的课题或项目经理，即一个新项目立项后，具体的执行和推进由项目经理来负责。三是在科研处增设项目文本撰写岗位，协助和指导各个科研小组撰写项目申请书。四是在校级层面，将科研划归教育大门类，由分管教育的副校长负责。五是规定教师具有科研与教学双重职责。

> 新的组织模式要求所有的院系主任、讲师以及首席讲师都要明白他们每个人都有开展科研的责任。这显然与以往的组织模式是不同的。（副校长 M，P4，L19-21）

为适应上述科研组织模式的变化，T 校对首席讲师的待遇和评价指标进行了调整。

> 我们目前有20位首席讲师，以前他们签订的是三年期合同，现在全部改为永久合同。对他们的评价也做了改变，一是看他们的教学反馈，二是看他们参与科研项目和研发活动情况，三是看他们论文发表情况。（副校长 M，P2，L45-48）

虽然倡导教师积极参与科研活动，但学校并没有制定科研激励机制，参与和开展科研活动的教师都是基于个人兴趣。科研处处长对这一情况做了解释。

> 大学的所有领域都同等重要。教学、管理和科研对学校发展来说都同样重要。因此，他们从事研究和开发活动完全出自个人内在动力。因为我们相信，只有基于个人意愿，他们才会有真正的科研动力。（科研处处长 P，P10，L9-10）

综上所述，T校科研活动的类型包括学位论文的撰写、科学研究成果的测试、对实践的开发。科研活动的产出或性质可以是产品或解决方案。此外，T校注重将已有的想法和知识应用于现实世界，与工作领域直接相关。T校科研活动的目的是提升教学能力、获取外部经费、为产业或公共机构服务。从事科研活动的主体是全体教师，尤其是讲师或首席讲师。科研活动的开展采用整合策略，即教学和科研相融合的模式，科研组织模式从最初的个人探索到院系模式，再到现在的矩阵模式。

二　分离策略下科研组织模式演变

1. X校区域环境

X校的四个校区横跨南萨沃和屈米两个区域（以下简称南萨—

屈米地区）。该地区人口稀少，两个地区加起来不足 30 万人，经济
发展相对落后。南萨沃区区域政府代表 X-PG 介绍说南萨沃区是
"芬兰最洁净的地区"，主要原因是这个区域工业很少，有机食品和
旅游是其未来发展的两大领域。此外，该地区的森林覆盖面积较大，
水资源较丰富，拥有天然洁净能源。屈米区拥有的哈米纳·科特港是
芬兰最大的通用、出口、集装箱和过境港口，与欧洲主要海港都有定
期联系，港口毗邻俄罗斯。该地区以前的经济发展非常倚重苏联。20
世纪 90 年代苏联解体后，该地区经济受到重创。X 校是南萨—屈米
地区唯一的高等教育机构。

从历史上看，两个区域对两校的发展非常支持。两校合并后，X
校成为该区域内唯一的高校，区域发展对 X 校有很强的倚重。

> X 校对区域发展很重要。因为我们没有其他大学，X 校是我
> 们区域发展的关键合作伙伴。我们所做的必须非常实用，对区域
> 发展有用。这就是为什么无论 X 校做什么，它必须有利于本区
> 域发展，这对本区域其他企业和机构也至关重要。没有 X 校，
> 我们很难获得一些重要的项目，比如与旅游、企业和进出口以及
> 其他与区域发展目标相关的重要项目。（区域政府代表 X-PG，
> P26，L1-8）

作为区域内唯一的高校，X 校在区域发展中占有重要的地位。这
也意味着 X 校在使用和支配区域资源方面有更多的优势。欧盟的结
构性资金是用来平衡区域的经济差异的。区域经济发展相对落后、区
域内产业少的地区，获得的人均经费就比较高。X 校校长在访谈中对
此做出了解释。

> 从欧盟的角度来看，芬兰东部的一些地区会获得更多的人均

经费。因为欧盟的经费标准是根据地区发展水平决定的。如果本区域内有很多产业，欧盟就没有必要提供太多的经费资助。欧盟的经费都是由区域办公室以竞争性研究经费的形式提供给本区域的大学和研究机构的。欧盟这种资金是用于平衡区域差异的。如果区域得到欧盟经费多，这意味着该区域没有太多的产业。如果得到的欧盟经费较少，这意味着该区域有很多产业，也会有大量的机会获得其他经费支持。（校长 X-P，L64-71，201805）

因此，南萨-屈米地区每年都能从欧盟获得相对较高的科研经费，约 1000 万欧元。对 X 校来说，这是比较重要的、潜在的外部发展资源。X 校的管理层尤其是科研主任，非常重视与区域政府管理层保持紧密的信息沟通，以保证能够积极参与区域发展战略的制定，从而有机会获得更多的科研项目。

> 我们主要任务是推动区域发展，区域发展战略对我们非常重要。它们掌握并统筹当地发展资源。因此，我们与区域政府管理层保持密切联系，我们共同讨论区域发展以及我们学校如何更好地发挥作用。（科研主任 X-RD1-SW，P5，L38-42）

当然，这些经费都属于竞争性项目，需要在全芬兰范围内公开招标。

> 正如我所说的，我们有发展战略，根据有关规则，我们为项目提供经费资助，这些项目理念和目标要对我们区域发展有利或有重要意义，比如能够支持我们林业的发展。同时，根据欧盟有关要求，项目要在芬兰实施，在我们区域实施。申请者有来自欧盟、全芬兰或区域范围的，最后由我们做出决定。（区域政府代表 X-PG，P28，L16-23）

2. X 校传统及特色

X 校与区域各行动者的合作具有互动性、目标导向性和有效性。该校作为研发主体、有影响力的行动者和合作伙伴，受到该地区企业和其他利益相关者的重视。

X 校是芬兰第五大应用科学大学，是区域内唯一的高等教育机构。校园分布在四个小市镇，分别是科特卡（Kotka）、科沃拉（Kouvola）、米凯利（Mikkeli）和萨翁林纳（Savonlinna）。2017 年 1 月 1 日，X 校由米凯利应用科学大学（以下简称 M 校）和屈米拉克索应用科学大学（以下简称 K 校）合并而成。M 校校园主要分布在米凯利市和萨翁林纳市；K 校校园分布在科特卡市和科沃拉市。M 校与 K 校的合并经历了 8 年时间，整个进程分多个步骤完成。2009 年 M 校与 K 校建立合作伙伴关系。2010～2011 年，两所学校的所有者（各市镇）签订联合所有权谅解备忘录，并在教育部备案。2012 年，X 校有限公司成立，两校的所有权、后勤设施管理权以及教辅机构管理权移交公司。2014 年，所有者签订正式的同意合并协议。2015 年 2 月，两校领导层整合，设立统一的校长和副校长。2015 年 9 月，两校制定同一个发展战略。2016 年 6 月，两校组织结构完成统一和整合。2017 年 1 月 1 日，正式签订合并协议，合并进程结束。

合并后的 X 校是南萨—屈米地区唯一的大学，成为区域发展的"重要参与者和关键利益相关者"（X-PG，P25）。X 校的核心领域与所在区域发展战略高度契合，主要包括数字经济，森林、环境和能源，可持续社会福祉，物流和海运 4 个方面（见图 4-5）。

外部科研经费独占鳌头。X 校的科研活动开展情况在芬兰应用科学大学系统中比较突出。外部科研经费规模连续 5 年（2015-2019 年）超过 1000 万欧元，位居全芬兰应用科学大学之首。每年有大约 170 个项目同期运行。在这些项目中，既包括专家发现、测试和开发新的产品和服务，也包括基于企业和工作领域需求进行的研究项目。

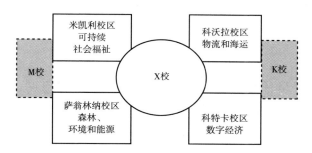

图 4-5　X 校核心领域在各校区的分布情况

学校的科研合作伙伴超过 300 家，包括企业、各类公共机构、研究型大学和研究机构。外部科研经费主要来自欧盟结构基金会、芬兰政府有关部委、芬兰创新局、芬兰科学院以及各类基金会、企业等 40 多个机构。

X 校科研发展采用分离策略，即教学与科研相对分离。该校拥有庞大的专职科研队伍，2018 年专职科研人员达 279 人，与教师队伍几乎持平。

X 校校长认为科研的迅猛发展得益于科研团队的专业化。

　　我们大学的科研很受欧盟和区域的欢迎，因为我们很专业，管理也非常有效，科研团队整体很专业且经验丰富。比如别人第一次做，也许只能做一个项目。但在我们学校，一个人可以同时处理 20 个项目。我们有很好的实践，而且很有效率。如果你知道我们科研的规模，并与我们现有科研人数比较，你会认为这是不可能的。他们真的很专业，而且非常有经验。他们都是超级高效的人。（校长 X-P，L75-84，201810）

3. X 校科研组织发展历程

　　法律赋予应用科学大学三个使命——教育、应用研究和社会

服务。第三个是通过完成前两个来实现的。（校长 X-P，L37–38，
201805）

X 校从 1992 年试点建校到 2019 年，共 28 年时间。本书将其发
展历程划分为需求探索阶段（1992～2003 年）、规划形成阶段
（2003～2014 年）和调整及制度化阶段（2014～2019 年）。各个阶段
呈现出不同的科研组织模式。

阶段I——需求探索阶段（1992～2003 年）：
"区域政府的支持"

这个阶段是 X 校前身（M 校和 K 校）的形成和成长期。1992
年，M 校与 K 校升格为应用科学大学。学校的所有权和经营权属于
其所在市，即萨翁林纳和米凯利（M 校）以及科特卡和科沃拉（K
校）。在认知上，当地政府对两所学校在促进区域发展方面都有很大
的期待；在行动上，当地政府积极为两所学校的建校和发展提供支
持。当地的产业数量较少，主要集中在森林、能源、海事运输等领
域。M 校的前身是商务和工程职业学校，主要专业领域是能源和木
材。K 校的主要专业领域是护理、商务以及海事运输。两所学校都属
于多科技术学院，主要任务是为当地培养技术人才，同时提供开发
项目。

这一阶段两所学校并没有实质性的科研活动，只有一些零星的区
域政府主导投资的开发项目，如与环境保护和木材加工有关的开发项
目。根据 X 校环境安全科研经理回忆，在南萨沃区域政府的支持下，
1997 年 M 校承接了南萨沃区资助的第一个环境类项目。从事研发的
人员主体是 M 校的教师，也有当地产业代表。从那时起，有关环境
保护和木材加工领域的科研项目始终是这个区域的优势领域。

我本人已经做了 20 年的项目，都是来自南萨沃区的项目。从 1997 年开始，首先是环境类项目，环境保护和木材加工项目是第一批研究项目。萨翁林纳在这方面的研究一直保持在较高水平。（科研经理 X-RM1-ES，P9，L14-16）

阶段 II——规划形成阶段（2003~2014 年）："培育自我发展的组织文化"

2003 年法律赋予了芬兰应用科学大学科研功能。但 M 校和 K 校与大多数应用科学大学一样，并没有将科研作为学校的主要任务，科研与教学职能混编在院系等教学单位。这一阶段，M 校科研发展的重要进展是在当地政府的支持下建立了两个研究机构。

一个是 2005 年建立的纸浆与环境技术研究小组（即纸纤实验室前身）。该研究小组由拉普兰大学、萨翁林纳市和 M 校共建，出资方为萨翁林纳市。对于纸纤实验室目前在业界的地位及发展前景，分管科研副校长非常自豪和乐观，认为它当前在芬兰知名，不久的未来也会在国际上获得知名度。

纸纤实验室虽然是我们大学的一部分，但它已经拥有了自己的名字或品牌和知名度。目前在芬兰已经很有名，下一步它也会在国际上知名的。（副校长 X-VP，P18，L28-30）

另一个是 2007 年建立的青年发展项目（JUVENIA 前身）。2008~2010 年青年研究与发展中心（JUVENIA）由南萨沃区经济发展、运输和环境中心以及欧盟社会基金共同出资建成，作为一个开发项目开始运作。这两个研究机构后来都发展成为 X 校旗舰研究机构，且在各自领域都处于领先地位。

> JUVENIA 开展的工作，全芬兰只有两所大学关注这一领域，X 校是其中之一。因此在这个项目和领域，我们服务的是整个芬兰。（科研主任 X-RD1-SW，P3，L4-5）

在这一阶段，屈米区也积极支持 K 校重点专业的研发工作。2007 年物流发展项目（NELI 前身）在 K 校设立并正式运营。2014 年，该项目被授予芬兰应用科学大学最佳就业和业务发展系列奖。目前，NELI 作为 X 校物流和海运核心领域的重点研究机构，拥有 143 个商业伙伴。因此，这一阶段的科研发展不是学校的主要任务，当地政府的扶持，推动一些传统领域的科研发展，这为 X 校不同领域科研发展奠定了良好的基础。

这一阶段是 X 校在组织层面积极推动科研发展的重要时期。

一是新校长上任提出促进科研发展的要求。2009 年，X-P 被任命为 M 校校长。新校长甫上任，就提出了要加强科研发展工作，并将科研成果纳入绩效考核，与工资挂钩。

> 自 2009 年我加入 M 校以来，我就提出要采取强有力的行动来增加科研投入。我一直告诉教职员工，科研发展将成为每个人的责任，与个人的绩效工资挂钩。（校长 X-P，L54-56，201805）

他任命 X-P 担任 M 校副校长，专门分管科研工作。同年，M 校与 K 校正式签订战略合作协议。由于 X 校的科研工作主要是在 M 校的组织基础上发展起来的，下述分析以 M 校的科研发展为主线。

各个应用科学大学在与教育部签订协议时虽然承诺了科研发展的目标，但教育部并没有配置科研经费，也没有评估和奖惩措施。因此，有的学校只定目标，并没有真正投入力量发展科研。在新校长的带领下，M 校开始致力提升科研能力。对此，校长本人认为一个学校要发展，在没有激励政策的情况下需要改变组织文化。

> 如果大学建立起一种自我发展的组织文化，会对学校的发展大有裨益……如何发展是一个组织文化问题，你是想发展成为教育部期望的学校，还是想维持原状、不去被新的要求和麻烦所困扰。（校长 X-P，L60-61，201805）

二是教育部经费拨款模式的改变加速了 M 校组织改革的进程。2012 年前后，教育部决定对应用科学大学的拨款政策进行改革，即依据应用科学大学获取的外部科研经费额度，采取配额拨款，目的是鼓励大学与行业企业合作，推动区域经济发展。因此，如何争取更多的外部经费成为所有应用科学大学面临的一个问题。

访谈中，X 校科研副校长对教育部拨款政策改革进行了详细介绍。

> 我们获得的外部经费越多，得到的教育部拨款就越多（1 欧元外部经费大约可以带来 0.85 欧元的教育部拨款），这是扩大科研规模的巨大动力。教育部通过学校外部经费的增长来判断学校对区域发展以及社会的贡献。我们必须记住，我们开展研发活动是为了促进我们的区域发展，不是为了自己。我们必须证明我们在这方面是有影响力的。教育部的这一激励政策，使所有应用科学大学使出浑身解数去扩大外部经费规模。（副校长 X-VP，P18，L34-38）

三是 M 校内部改革也引起了相关的讨论，聚焦对组织结构进行改革。具体原因是，2003 年以来，M 校的科研组织一直采取整合策略，即科研职能设在教学院系，各院系主任兼任本院系科研主任，负责科研管理工作，教师是开展科研活动的主体。但个别主任明显感觉到这一安排对科研发展的掣肘。主要矛盾是教师根本没有多余的时间从事科研。即使有的教师（比如高级讲师和首席讲师）有兴趣和能力进行科学研究，也因陷于教学事务而无暇做科研。

X 校可持续社会福祉领域科研主任，时任 M 校青年教育系主任兼系科研主任，她对当时这种教学科研一体化带来的问题印象深刻。

> 当时我担任系主任，我发现这是一个严重的问题。当你只有 10 位教师时，你有很多学生，有很多课程要他们去完成。你自然认为这些老师必须处理所有关于教育的问题，完成所有课程的教学。因此，教师们根本没有时间参加科研活动。即使有人愿意参与科研活动，却苦于没有时间和精力。（科研主任 X-RD1-SW，P1，L38-43）

同时，她认为教学和科研是两种不同性质的活动，需要不同的能力和专业知识，让擅长教学的教师去做科研是一种资源浪费。

> 如果你是一名教师，你需要具备不同类型的专业知识以及讲解、咨询等技能；但如果你是科研人员，你需要具备不同的技能和资格；如果你是部门主管或领导，你需要具备其他技能。我们没有一个人是全能的。（科研主任 X-RD1-SW，P1，L45-48）

对于教学与科研的区别，数字经济领域科研主任有类似的观点。

> 教学和科研活动的节奏和智慧是完全不同的。项目需要节奏快，申请过程中有很多截止日期。而教育教学活动总是以同样的节奏进行。如果在教学过程中去参与一些项目开发或科研活动，协商是非常困难的，往往需要持续几个小时。将教学与科研放在一起的模式太低效。（科研主任 X-RD3-DE，P16，

L50-52)

因此，将教学与科研功能分离，成为以副校长和院系主任为代表的管理层的共识。经过多次沟通和协商，他们的提议取得了校长和董事会的同意和支持。2013年下半年，M校的组织结构改革工作正式启动。

阶段III——调整及制度化阶段（2014~2019年）：
"你得到你所预定的"

芬兰有句谚语，"你得到你所预定的"，意思是强调收获和付出成正比。这是X校长在评价X校10年来取得的科研发展时引用的一句话，也是X校在这一阶段科研发展的真实写照。

这一阶段，X校的重要事件是2014年进行的组织改革，即建立教学与科研相对分离的科研组织模式。该模式将科研职能从教学单位中分离出来，设立可持续社会福祉，数字经济，森林、环境和能源3个科研核心领域（物流和海运属于K校的专业领域，2016年后成为X校的第4个科研核心领域），并组成单独的科研组织系统，由分管科研的副校长领导，与院系教学单位、教学管理单位及教学辅助单位平行运行（见图4-6）。

这一阶段X校的科研组织模式具有以下特点。

（1）垂直的职能管理结构。

改革后的科研组织在结构上施行垂直管理，由分管科研的副校长、各领域科研主任、科研经理、项目经理组成四级管理团队。副校长兼任校级科研发展创新主任，负责全校研究、开发与创新（RDI）工作；副校长下设4位科研主任，分别负责4个核心科研领域。每个科研主任下设若干科研经理（Research Manager），负责不同的科研部门。科研经理之下又设若干项目经理（Project Manager），负责具体

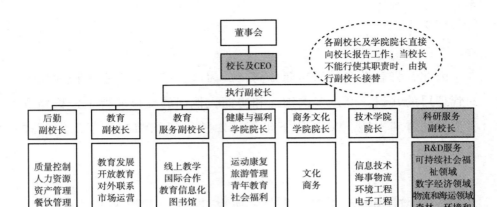

图 4-6　X 校科研组织模式

项目。各个项目团队又由若干科研人员和研究专家组成。

四级管理结构的特点是目标导向、整体规划、分工明确。副校长与 4 位科研主任组成科研工作领导小组，负责整体科研规划。副校长直接向校长报告；科研主任负责本领域的人员配置、经费及预算管理、资源配置、论文发表、学生合作、与国内外同行沟通及联系、制定战略规划等；科研经理负责新项目的申请、项目申请书撰写、项目团队的组建、协助项目经理推进已有项目的执行（见图4-7）。

访谈中，X 校长对不同层级的管理职能和分工进行了简单描述。

我们有 4 个核心领域，4 个科研主任，第 5 个核心领域正在筹建。科研主任已经有了人选，科研主任擅长科研经费的申请。他们下面有科研经理，也是这方面的专家，然后就是项目经理和科研人员，他们只负责做研究，不参与项目申请和经费筹措，他们专注于技术核心。（校长 X-P，L103-108，201805）

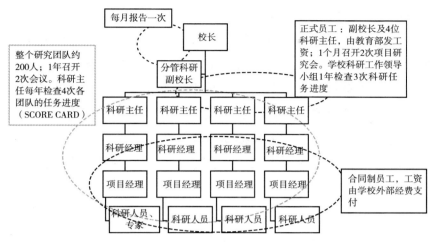

图 4-7　X 校分离模式下科研组织结构

（2）雄心勃勃的专业科研团队。

科研职能与教学分离后的主要任务是科研队伍的组建。2014 年 X 校首先进行 3 位科研主任的招聘。3 位科研主任都具有研究型大学博士学位，且在本领域有至少 10 年的教学或科研管理经验。来自本校的 2 位科研主任中，一位是可持续社会福祉领域的主任，她 2009 年来 M 校工作，任青年教育领域首席讲师，后来又担任系主任兼科研主任，此前她曾在一所研究大学工作 10 年。另一位是来自本校的森林、环境和能源领域主任，他 2005 年到 M 校工作，一直担任纸纤实验室的主任，长期与研究型大学和本领域的公司合作。数字经济领域主任应聘前曾在东芬兰大学担任研究员，专业背景是科学和技术研究，是以用户为导向的社会科学研究方面的资深专家，同年招聘的还有科研经理岗位。科研经理更强调专业性，要具备丰富的项目组织和管理经验，熟悉项目申请程序及项目申请书撰写等。科研主任属于长期员工或正式员工，工资由 X 校财政资金支付，科研经理及项目经理属于合同制员工，工资由外部经费支付。2014 年 X 校整个科研系统约 50 人，2018 年已发展至 279 人。

X 校的科研发展迅猛的直接原因是拥有一支高效的专业队伍。无论是校长还是科研副校长，在访谈中对科研队伍都充满溢美之词，称他们为受过"良好教育的员工""有才华且思想自由的个体"。对于科研主任，科研副校长认为他们是他的"秘密武器"。科研主任是促成组织改革的关键群体，也是推动后来科研迅速发展的主体。

科研副校长在访谈中表示他非常感激科研主任对改革的支持。

> 我们的改革是从零开始的，没有任何经验。但我很幸运，因为我发现了这些非常有才华和活力的科研主任。我们有共同的追求，对改革的结果雄心勃勃。他们和受过良好教育的员工一起工作，他们有足够的知识和天赋，而且全身心地热爱科研，用心和灵魂去工作。（副校长 X-VP，P18，L1-2）

校长认为 X 校的科研团队专业、有经验是其成功获得科研项目的重要原因。

> 我们有一个强大稳定的科研团队。团队成员认真对待每个科研机会和项目，擅长项目申请的撰写，了解不同项目要求及技能。关键一点是他们拥有与各种项目资助单位合作的经验，他们知道应该如何编写计划，比如知道欧盟的发展计划以及关注重点。（校长 X-P，L2-106，201810）

X 校科研团队另外一个重要特点是有很强的内驱力去开展研发活动。

> 内驱力是科研的核心。就拿创意产业来说，很多在那里工

作的都是新人，他们真的很渴望、很想努力从事这些实实在在
的工作，他们有很多关于创意产业的想法。他们对新的事物充
满激情，非常愿意并期待与区域内其他行动者合作，共同设计
新的项目。他们总是会提前考虑下一步。（科研主任 X-RD3-
DE，P14，L8-12）

（3）勇于改革、善于纳新的领导层。

X 校科研发展的分水岭是 X 校校长（X-P）的上任，他到任后
提出要大力发展科研。之前学校没有分管科研的副校长，他力主设立
分管科研副校长，并提拔当时的科研主任为副校长。

科研副校长（X-VP）是 X 校改革成功的关键人物，最先提出了
将科研与教学分开的想法，并参考了欧洲其他国家如荷兰、德国高校
的做法，说服校长和领导层进行改革。

> 我用欧洲一些国家作为参考基准，例如英国、奥地利、荷兰
> 和德国等。奥地利和荷兰都有很高水平的大学，我对它们在扩大
> 科研规模方面的具体经验非常感兴趣。我把这一想法告诉了校
> 长，开始他不同意我的观点，后来他同意了，然后我们开始改
> 革。当然这个改革事关重大，能成功非常不易。（副校长 X-VP，
> P17，L45-48）

改革开始后，校长和董事会非常支持副校长，并给予他很高的自
由度。

> 我喜欢我们的董事会，他们的领导非常有效。校长本人有才
> 华，也有勇气进行改革，并非常愿意接受新的想法。我可以自由
> 地去做事情。（副校长 X-VP，P18，L43-45）

在整个改革过程中，副校长本人也得到了科研主任和科研经理的认同和支持。他们认为 M 校和 X 校科研能够取得如今的成绩，主要归功于科研副校长的远见卓识和坚持。

> 我们和我的老板（科研副校长）有非常相似的想法，他现在负责所有这些研发和创新活动。两校合并前，他是 M 校分管科研副校长。他对推动科研发展充满热情，并成功促成了令人印象深刻的科研活动。我们在 M 校时期，他就非常擅长推动研发和创新活动。（科研主任 X-RD1-SW，P1，L20-24）

> 他（科研副校长）是我们科研发展历史上重要的人物之一，因为他总是看到研发和创新活动的意义，这就是为什么他是一个非常有远见和战略眼光的人。在他担任 M 校副校长时，我们就决定进行组织结构改革。他热衷于现在这种科研发展模式。我们需要这种有远见、相信愿景并为之不断努力的领导。（科研主任 X-RD1-SW，P4，L40-44）

（4）员工定目标、领导看结果的工作机制。

X 校科研团队采取目标管理制，目标以平衡积分卡的形式通过协商制定。通过平衡积分卡，每个员工可以清楚地了解自己的年度目标以及各自的责任。平衡积分卡内容包括国际项目的数量、国际流动、RDI 服务销售（包括外部资金）、国际项目提案的数额、出版物（包括所有合适的出版物）、发明通知、专利和专利提案、开办公司和其他新公司、RDI 中的利益相关者数量、媒体报道 RDI、学生科研学分、工作社区福祉问卷结果。在目标制定后，不同层级的领导会定期对平衡积分卡的执行情况进行检查。各领域科研主任每年依据平衡积分卡对本领域每年执行情况至少进行 4 次检查。由科研副校长带领的科研工作领导小组，每年对科研主任积分卡执行情况进行 3 次检查。

这也是 X 校科研团队前进的主要推动力之一。

对于目标管理制的实施，科研副校长提出以下看法。

> 所有核心领域的主任每年都会制定各自领域的目标，并且对目标的实现负责。我的任务是给他们资源，并听取他们的报告。我们作为一个团队，定期对各个部门目标执行情况进行检查，并将所有进展予以公布。如果发现问题，我们一个团队共同寻找解决方案。但对于我和校长以及校董事会来说，我们关心的是研发总量，包括不同校区的规模。我每个月都要向校长和董事会进行报告。问题的关键是，在目标确立后，整个团队必须一起努力去实现目标。（副校长 X-VP，P19，L39-44）

此外，各个团队保持长期的有效沟通机制。如科研领导小组每月召开 2 次项目研究会；科研主任每 2 周与各位科研经理开 1 次会，讨论议题包括申请的项目类型、相关申请程序、在学校内部的运行机制等；每个科研经理每月召集 1~2 次团队会议。

（5）与教学系统密切合作的关系。

虽然教学职能与科研职能相对分离，组织结构相对独立，但在实际运行中两个系统保持密切的合作关系和互动机制。

> 我们的科研与教学过程在某种程度上是分离的，但我们不想在教学和研究之间设置任何障碍，而是要保证教学过程和科研之间的有效合作。这种有机分离的目的只是为了提高效率，赢得竞争。要从非常激烈的竞争中获得外部研究资金，必须实现队伍专业化。（副校长 X-VP，P18，L2-5）

X 校教学和科研合作目的和动力来自三个方面。一是有的教师本

身有研究型大学的教学和工作背景，有参与研究的能力和兴趣，他们
通过自己的专业能力，为科研项目贡献创意和智力；二是邀请教师参
与或执行科研项目，能为教师提供了解和掌握本领域最前沿动态的机
会；三是教育部的《绩效协议》和学校的目标管理制，对学生参与
科研项目有明确的指标要求。因此，教学与科研分离模式并没有阻隔
校内教学和科研的合作。

衡量科研发展的其中一个指标是学生参与项目所获得的学
分。所以我们的科研项目可以为学生融入科研项目提供很好的机
会。教师和科研经理会互相讨论项目与课程的相关性，以帮助学
生结合科研项目进行论文写作或技能培训。（科研主任 X-RD1-
SW，P4，L10-14）

X校的科研团队与教学团队之间有良好的互动机制（见图4-
8）。科研主任每个月会与系主任开一次会，商议教学与科研活动的
合作与互动，了解教师参与科研活动的兴趣及动态。每次申请新的
科研项目设计之前，科研主任或科研经理会主动与项目所涉及领域
的院系沟通，邀请相关领域的教师参加项目或听取他们对项目申请
的意见。如果教师愿意参加进来，学校就会相应减少其教学任务。
教师参加科研项目，工资待遇不变，因为教学工资本来就高于同级
科研人员工资。

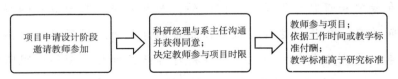

图4-8　X校教师参加科研项目的程序

教师有时限地参与科研项目，科研只占到其工作时长的 1/2
或 1/3。有的教师有长期参与科研活动的习惯和经验，非常愿意
参与科研并能将科研与教学很好地结合起来；而有的教师不具备
这方面的能力或经验，就比较抵触参与科研活动。（科研主任 X-
RD3-DE，P16，L35）

从与 X 校的受访者接触过程可以明显感觉到，大家很在意谈及
科研与教学的关系。可持续社会福祉领域科研主任（X-RD1-SW）在
访谈过程中谈到未来科研发展。

未来科研肯定还是要更进一步与教学相结合。目前，必须
经历这样一个分离的过程，为的是集中优势让专业的人做专业
的事情，即让适合教学的人做好教学、适合科研的人做好科
研。在两者都得到充分发展、在学界和业界获得各自的声誉和
认可后，学校会再将科研与教学进一步整合。（科研主任 X-
RD1-SW）

第三节　外部环境与科研组织结构演变

以上分析表明两所案例学校科研发展过程和阶段类似，但发展过
程中采取的策略以及组织运行模式却有显著差异。在同等的制度环境
下，两所高校为何会形成不同的科研组织模式？为了回答这一问题，
本节尝试利用权变理论中环境与组织关系，对两所案例学校的科研组
织结构演变过程进行分析。

前一节分析表明，两所案例学校的科研发展环境经历了从稳定到
动荡、从简单到复杂的过程，其科研组织结构从最初的松散非正式组

织模式、机械组织模式（院系模式），再演变到有机组织模式（矩阵模式、分离模式），见图4-9。

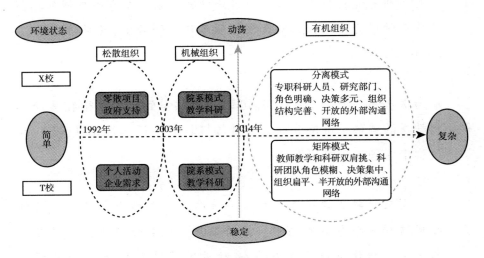

图4-9　外部环境与科研组织结构演变

1. 需求探索阶段（1992~2003年）：松散非正式组织模式

（1）外部环境。

两所案例学校在这一阶段都从高等职业院校升格发展为应用科学大学。1995的《应用科学大学法案》（255/1995）规定新建的应用科学大学的主要功能为教育教学和社会服务，强调应用科学大学的商业理念、教育整合能力以及与其他高等教育机构合作的能力。因此，为了适应法律要求，两所高校需要提升教学水平和能力，而并无发展科研的需求。

这一阶段两所高校所处环境相对简单和稳定。T校地处坦佩雷市，周围的工厂和企业在历史上与T校保持密切联系，将T校作为"测试车间"，与T校教师联合开发产品、测试设备，并通过指导学生论文，从T校识别并招收合格的毕业生等。T校升格为应用科学大学后，企业对 T 校的这一需求并没有改变。X 校地处南萨沃地区，公司企业非常稀缺，只有林木开发及造纸等传统产业。X 校是当地唯一一个高等教育机构。市政府对其在市政项目（如环境技术开发等）发展上比较倚重。

（2）组织结构。

这一阶段，从科研发展的环境来看，在国家层面并没有变化；在区域层面，T 校主要回应企业的需求，X 校主要回应当地政府的要求。因此，两所学校所处的外部环境异质性并不强，环境状态简单，也相对稳定。两校的"准科研"活动模式也都是基于教师个人兴趣或特定利益相关者需求的松散组合，如 T 校形成了若干零散的教师与企业工程师或师傅个人组合；X 校在当地政府的支持下，形成了由学科带头人组建的临时委托项目团队，都属于松散非正式组织模式。

2. 规划形成阶段（2003~2014 年）：机械组织模式

（1）外部环境。

新的立法增加了应用科学大学所处环境的复杂性，降低了稳定性。2003 年新的《应用科学大学法案》（以下简称《法案》）和《政府法令》发布，详细规定了应用科学大学在教育系统中的地位、使命、行政、管理、评价、教学和学位、毕业生的进修资格、教师资格要求等（Lyytinen，2011）。修订后的《法案》中心目标是重新界定应用科学大学的责任，将科研功能作为其回应区域发展和国际化的重要方面。《法案》第四条规定，应用科学大学的任务是提供适应职场需求和发展的教学、基于科学和艺术培养专业人才、进行应用研究和开发，以支持教学、职场和区域发展，并促进本区域经济结构优化发展。

对于《法案》要求应用科学大学发展科研功能，区域政府、地方政府、公共机构、学术界和企业等利益相关者反应不一。区域政府、地方政府和公共机构欢迎这一变化，期待应用科学大学能在区域发展和市政发展中发挥更大作用，而学术界对此强烈反对。如 T 校所在城市其他两所研究型大学的教授和研究人员认为 T 校没有能力从事真正的科研活动。

> T 校既不具备合适的科研人员，也不具备相应的科研设施。（科研经理 K，P23，L7-8）

公司对 T 校这一新功能也持怀疑态度。

> 大多数公司和企业不认为 T 校能成为它们的科研合作伙伴。它们认为研究型大学，特别是理工大学才是它们在科研活动方面的天然伙伴。（副校长 B，P7，L5-7）

（2）组织结构。

新的法律要求应用科学大学发展科研，从组织内部传统和师资队伍状况来看，两所案例学校依旧属于教学型大学，其教学方法、组织模式和师资水平均服务于教学目标。为了符合法律要求，两所大学均增设了校级科研管理机构（科研处和科研管理办公室），负责全校科研事务的统筹、管理及信息沟通，同时代表学校与外部利益相关者保持信息沟通和联系。科研项目的具体实施由各院系负责。这一阶段两所高校都形成了垂直院系科研组织模式，这些组织模式具有机械组织的特征。

从环境性质与状态分析，这一阶段两所案例学校科研发展的国家制度环境一致，除国家法律变化外，其他政策环境在科研方面没有多少变化，比如拨款政策、《绩效协议》等相对稳定。在区域环境的组成方面，复杂程度略有差异。因此，T 校与 X 校虽都采用了垂直院系科研组织模式，具体组织结构略有不同。T 校在回应法律规范的同时，还需要满足企业的需求，形成了科研处和继续教育与全球发展部两类组织形式，分别回应不同外部利益相关者的需求（见图 4-10）。科研处负责来自各部委或公共机构的科研项目统筹及协调工作，继续教育与全球发展部负责来自公司或企业等其他机构的所有基于"合同"的科研项目。

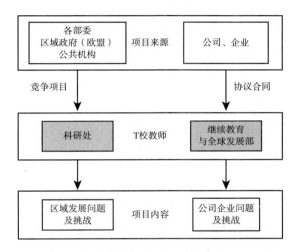

图 4-10　T 校对不同类型科研项目的组织结构

由于 X 校所在区域没有其他研究型大学或科研机构，在市政府的支持下，X 校逐渐形成了"边界跨越部门"[①]（Lyytinen，2011），如纸纤实验室，最初由市政府出资建立，由拉普兰大学和 M 校组成的科研团队共同承担研发项目。纸纤实验室扮演着政府研究机构的角色，缓和政府与当地企业的需求关系，帮助政府进行信息处理。其直接与地方政府、企业或研究型大学合作，不受校级科研管理机构的管理或约束。

[①]　边界跨越部门（outreach units）指以稳定的合作关系与外部利益相关者和团体之间建立的职能机构。此类机构的运行模式、人员组成、工作内容及机制跨越多个组织边界（boundary spanning）。

3. 调整及制度化阶段（2014~2019 年）：有机组织模式

（1）外部环境。

2014 年是芬兰应用科学大学系统科研发展的一个分水岭。自这一年起，教育部对应用科学大学绩效拨款政策进行了改革。一是逐年减少教育拨款，科研拨款实行与外部经费配额拨款，即获取的外部经费越多，获得教育部的科研经费越多；同时，拨款方式由基于投入拨款改为基于产出拨款。二是应用科学大学办学主体变化，成为独立的法人，以股份制有限公司的形式运营，意味着股份可以在市场转移。这一政策变化，使应用科学大学普遍感到资金和生存压力，不得不采取措施去获取更多的外部科研经费。外部科研经费的主要来源有欧盟、区域政府、芬兰各部委的竞争性科研项目以及企业的合同项目。

从环境状态与性质来看，这一时期两所案例高校所处的外部环境呈现一种动荡的半市场状态。T 校周围存在强劲的竞争伙伴，包括两所研究型大学及若干实力雄厚的国家级科技研究中心。

> 研究型大学与应用科学大学互相竞争项目资金，尤其是来自政府和公共机构的资源，因此必须要有好的产出。（副校长 M，P2，L32-33）

在国家拨款政策调整后，T 校感觉到经费竞争压力骤增。在科研项目的竞争上，T 校明显不占优势。T 校认为拥有"高质量教育"是本校的优势和不可撼动的社会声誉，因此科研发展有限。但在新的拨款政策实施后，T 校被迫加大科研发展的力度。

> 因为政府在教育方面的投入越来越少，我们生存的另一种方式是获得更多的外部科研经费。此外，我们还提供有偿教育服

务、量身定制的教育培训项目。（副校长 M，P3，L39-43）

对于经费压力，科研带头人和学位项目主任 U 表述更直白：

  我们真的每天都要思考从哪里能搞到经费，每个人都必须考虑从科研和其他活动中赚钱。政府已经削减了经费，以后还要进一步削减，目的是迫使应用科学大学在科研和创新方面与商业和工业、公司密切合作。（学位项目主任 U，P17，L28-32）

与 T 校相比，X 校外部环境竞争不多，但外部需求多元而强劲。由于区域内没有其他高等教育机构或研究机构，其他行动者如区域政府、公共机构和企业在科研方面比较倚重 X 校的支持和贡献，因此该校需要去满足多个组织的科研需求。同时，由于区域内没有竞争对手，X 校获得经费的渠道和机会相对较多。

可持续社会福祉领域科研主任对 X 校在区域的作用和功能做了详细阐述。

  我们是区域发展的"激活器"（Local Activator），所以本区域发展战略对我们非常重要。因为它们标明区域发展动向，区域政府以此来组织和分配各种资源。所以我们与当地的行政工作人员的关系非常密切。我们在共同讨论本地发展战略时，充分考虑我们学校发展战略。当然，我们所在的地区也有一些其他机构，我们要清楚他们正在做什么，每个组织所扮演的角色都非常重要。区域政府决定了欧盟用于区域发展的资金。因此，区域政府是我们心目中重要的利益相关者。（科研主任 X-RD1-SW，P5，L36-43）

（2）组织结构。

为了应对这一复杂动荡的半市场环境，两所高校都采用了相对灵活的有机组织结构。T 校采取整合策略，创建了"矩阵模式"，即在不改变院系组织架构的前提下，建立横向多学科、跨院系的科研核心领域。科研核心领域科研人员以首席讲师为主。

> 我们试图采用矩阵模式。与院系模式不同的是，以前是院系主任同时负责研究领域，但他们还有许多其他的任务要处理，对科研重视不够，并且他们的观点是以院系为导向的。因此以前的重点研究领域或多或少是以部门为导向的。现在我们决定改变这一点。我们任命首席讲师为核心科研领域负责人，他们不担任任何其他职务，可以更自由地发展我们的多学科研究。（科研处处长 P，P12，L1-7）

核心领域负责人作为信息中介，既熟悉学校内部科研队伍的优势与资源，又了解外部环境的科研需求及动态。

T 校矩阵模式科研组织的特点是教师具备教学、科研双重任务，科研团队可随机组合（成员角色模糊），科研规划、项目立项审批等由校级科研管理办公室（科研处）负责组织实施（决策集中）。同时，各个科研领域、科研团队之间属于平等合作关系（组织扁平），科研处以及核心领域负责人作为信息中介，负责科研信息的传递和处理（半开放的外部沟通网络）。

X 校进行了比较激进的机构改革，即将科研与教学进行分离，科研功能从院系中分离出来，创建专业高效的科研团队。

> 2014 年以前，我们就意识到必须建立一个优化的科研组织结构，能够制定科学战略，迅速对外界需求做出反应，灵活高效

地做事情，同时做到信息畅通，及时了解其他领域在做什么。科研主任拥有广泛的社会网络，不仅了解我们的领域和项目，对其他领域与我们有关的项目也了如指掌。（科研主任 X-RD3-DE，P13，L4-9）

科研人员除学校内部的学术骨干之外，还从校外吸收大量的专业人员。每个科研领域下设若干研究部门，各研究部门下设若干项目团队，这样就形成了由核心领域科研主任、科研经理、项目经理组成的直线职能组织结构。在这一组织结构中，科研主任和科研经理是信息中介，即对外他们每个人都可以独立地去开发科研项目、争取项目经费；对内每个人都可以根据需要，组建科研团队。

虽然两所案例学校的科研组织均采用了有机组织形式，但是两者的具体组织模式略有不同。

X 校教学科研分离的科研组织模式有以下特点。①聘用专职科研人员，组建专职的研究部门，形成角色明确的专业科研团队。②在整体战略规划下科研决策多元化，每个科研领域、科研部门都有开发科研项目的自主权。③科研组织结构完善，形成校长、分管科研的副校长、科研主任、科研经理、项目经理纵向的直线职能机构。④科研体系内以开放的外部沟通网络为主，所有科研人员都可以对外联系，寻求合作机会。

第四节　小结

本章在梳理和分析两所案例学校科研发展过程及科研组织模式演变的基础上，基于权变理论中有关环境与组织结构关系的观点，解释了外部环境如何影响科研组织模式演变过程。分析发现，案例学校科研功能发展过程中，组织所处外部环境的特征是影响科研组织结构变化的主要变量，组织基于组织内部的传统和特色选择不同的组织结构去应对不同的环境需求。在简单、稳定的环境中，案例学校选择了相对机械的垂直院系科研组织模式；在相对动荡、复杂的环境中，案例学校选择了较为灵活的、有机的矩阵模式或分离模式。

从组织环境的状态与性质分析，芬兰应用科学大学的科研发展可以分为三个阶段。不同阶段中，两所案例学校组织先后采取了四种组织结构模式（见图4-11）。需要说明的是，第一阶段（1992~2003年）的环境主要由企业和政府的需求组成，且需求不强劲，并没引起组织的关注，没有形成正式的组织结构，仅以松散个人组合或项目形式来回应外部环境的需求。两所案例学校的科研活动都不属于组织层面的行为，因此在图4-11中没有体现。

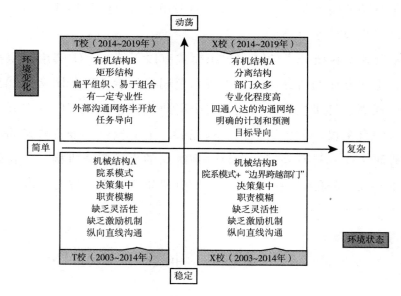

图4-11 环境与科研组织结构权变

2003~2014年，这个时期的组织环境简单但不稳定。这一时期新的政策和法律法规颁布，使得应用科学大学外部环境出现一定程度的动荡。在企业与政府需求的基础上，环境中起主要作用的是法律规范要求，即制度规范。在制度规范的作用下，两所高校的科研组织结构出现了同型现象，都采用了院系模式。院系模式属于一种机械机构，其基本特征是决策集权、缺乏灵活性、职责模糊、任务不明确、缺乏激励机制。虽然两校都采用了院系模式，但由于区域环境需求存在差异，两校的组织结构略有区别，T 校的院系模式属于机械结构 A，X 校的院系模式属于机械结构 B。X 校在政府的支持下，出现了纸纤实验室或项目办公室（环境保护与木材加工以及物流项目）等"边界跨越部门"。

2014 年以来，新政策带来的制度变化引入了竞争机制，引起组织制度环境的变化，使环境变得复杂而动荡，且呈现半市场特点。具体表现为，政府削减对应用科学大学的经费，激励应用科学大学通过科研活动争取外部经费。外部经费的主要来源是欧盟、芬兰政府各部委、区域政府的竞争性项目以及企业的合同项目，其中最主要的经费来源为欧盟提供的区域发展项目。制度环境与技术环境的双重变动，使应用科学大学的生存环境变得充满危机和挑战。要战胜这些危机和挑战，必须充分发挥组织的能动性，基于资源和环境的综合考量，寻求契合自身优势和特点、能够促进组织生存和发展的最佳组织模式。

在制度环境相同的情况下，不同的区域环境和资源作为技术环境的特征，会影响组织战略和决策，从而产生不同的组织结构和模式。由于区域环境差异明显，T 校与 X 校形成了不同的科研定位和发展战略。T 校周围有多所研究型大学和研究机构，使其在欧盟区域发展项目的竞争中处于劣势。为了保护好现有的资源——良好的教育声誉，该校确定了服务教学的科研定位，科研活动在有利于教师成长和发展、有利于学生培养的基础上，应满足外部的需求。因此，T 校选择了矩阵式的科研组织结构（有机结构 B）。

　　X 校同区域内没有其他研究型大学或研究机构。这给 X 校带来两方面的影响。一是在区域发展项目的竞争中有一定的优势。但由于竞争性项目面向全国，这一点带来的优势并不明显。二是区域政府、地方政府、企业和公共机构等区域利益相关者的发展需求强劲，X 校成为区域中的"重要行动者"、企业创新的潜在"重要伙伴"。X 校成为区域"高等教育"的代表，扮演着应用科学大学、研究型大学和研究机构多重角色，这决定了它在组织模式上必须胜任这样的角色。因此，X 校将科研职能从教育中剥离出来，构建了专职的、专业化的、庞大的教学科研分离模式。具体而言，该校采用了纵向职能模式，其科研组织从"边界跨越部门"发展为区域内知识生产、技术转换、产品研发等多个网络的交汇点。这种教学与科研分离模式（有机结构 A）的组织形式特点是专业化程度高、灵活性强、具有明确目标导向、快速决策和反应、权威的建立基于技术和资格、通达的对外联系网络。

　　分析表明，两所案例学校在不同的发展阶段，因外部环境性质和状态不同，形成了不同的科研组织模式。环境的动荡程度取决于国家立法和政策的变化情况；环境的复杂程度取决于外部利益相关者的组成及其对案例学校的需求和期待。简言之，法律和政策要求、外部利益相关者（区域政府、公共机构、企业）的期待和需求是影响应用科学大学科研组织模式的关键环境要素，而同区域内是否有竞争者（研究型大学或研究机构），又是影响利益相关者对应用科学大学需求和期待程度的重要因素。

　　以上分析还显示，组织权变是一个动态过程，即在不同阶段，随着环境维度的变化，组织选择不同的组织形态。

第五章 芬兰应用科学大学科研发展
制度化过程：影响要素

第三章和第四章分析了案例学校从建校起，经过 20 余年时间，逐渐从教学型高校发展成了教学与科研并行的应用科学大学。这期间，在欧盟、国家、政府各部委、区域政府、地方政府、企业以及研究型大学和研究机构等行动者的共同作用下，两所案例大学的科研功能经历了需求探索、规划形成、调整及制度化的发展阶段。从科研功能上看，两所高校经历了从自由探索模式下的"类科研活动"（T&D），到院系模式下的"科研开发活动"（R&D），最后分别形成了多学科背景下的科研及创新活动（RDI）。

本章对应用科学大学科研功能发展制度化过程及其影响要素进行了分析。借鉴 Cai（2017）对高等教育创新过程影响要素的分析，建立了对科研功能制度化过程的分析框架。本章内容分为 3 部分。第一节对影响科研发展制度化的分析框架进行简单说明。第二节聚焦 T 校和 X 校的科研功能发展制度化过程分析。在对其科研发展过程中外部兼容性和组织收益性分析的基础上，识别并归纳出组织在不同发展阶段遇到的挑战，然后分析在应对这些挑战的过程中，高校内部的组织团体或个人如何发挥能动性，促进了科研功能发展实现制度化。第三节进行了小结。

第一节　组织创新制度化影响要素

成功的组织创新都会经历制度化的过程。Levine（1980）认为组织创新的制度化取决于两个重要因素，即收益性和兼容性。Cai（2017）借鉴 Levine（1980）和制度理论（Greenwood et al.，2008），确定了影响创新制度化的三个关键因素，即兼容性、收益性和能动性。兼容性是指创新实践的规范、价值观和目标与组织环境或社会背景相一致的程度。兼容性与合法性获取相关。收益性是指组织或组织成员意识到创新可能带来有形或无形的资源，也包含潜在的回报机会。收益性有助于促进创新实践制度化。能动性是组织中制度企业家（个人或集体）为促进创新而对既有制度规则的改变，推进创新发展和制度化。

本章借鉴 Cai 等（2015）和 Cai（2017）及以上创新制度化三要素概念，提出应用科学大学科研功能发展制度化过程影响要素分析框架。芬兰应用科学大学科研功能发展作为一种组织创新实践，其制度化过程是组织与外部环境（国家、区域和公共机构、企业、研究型大学和研究机构）不断适切的过程，是组织为了满足法律的要求和利益相关者的需求和期待，不断发挥组织能动性，通过策略来获得组织合法性和组织发展资源的过程。因此，影响应用科学大学科研功能发展制度化的要素分别为兼容性、收益性和能动性（见表5-1）。兼容性是指应用科学大学科研功能发展这一组织创新实践与外部环境的一致程度，如是否满足国家法律、政策要求，是否满足利益相关者的期待和需求等。科研发展只有与外部环境兼容，才可获得外部合法性支持和组织发展所需资源。收益性体现为组织收益和个人收益。组织收益指应用科学大学可能因科研发展获得的利益，包括外部经费、外部利益相关者的认可、合作机会、学校声望、参与区域发展决策的机会等。个人收益是指科研人员的薪金收入、事业发展（职位提升）、工作机遇、合作机会以及个人价值感和荣誉感。科研发展只有在满足环境要求和需求，获得外部合法性后，才能获得组织收益。换言之，组织收益有利于促进科研发展制度化的实现。能动性是指应用科学大学组织内部具有制度企业家特质的领导、管理层或科研骨干等，在外部制度变迁过程中，通过对现有的制度或规则进行改变，利用各种策略，改变利益相关者的认知或决策，通过提升组织创新与外部环境的兼容性，获得组织收益，推动科研功能的发展。

表 5-1　应用科学大学科研功能制度化的影响要素

影响要素		具体定义	环境要素	
			制度环境要素	技术环境要素
兼容性		科研功能发展与国家政策及外部需求的匹配度	国家法律、政策	地方政府期待、企业的需求、同行认可
收益性	个人	教师或科研人员从科研功能发展中获得有形及无形的利益	个人价值感个人声望	个人薪金、晋职、工作机遇、合作机会
	组织	科研活动带给学校有形或无形的利益	学校声望、参与区域发展决策	经费收入、合作机会
能动性		个人或集体为促进科研功能发展对现有制度、规则调整或改变	组织结构、策略	利益相关者的认知、资源

采用应用科学大学科研功能发展的影响要素框架，结合案例院校科研功能的发展实践，提出以下研究假设：（1）科研发展外部兼容性的提升，有助于应用科学大学获得合法性，促进科研功能制度化；（2）应用科学大学可以通过科研功能发展产生组织收益和个人收益，这些收益有助于其科研功能的制度化；（3）具有特定禀赋的科研组织的管理层或科研骨干扮演"制度企业家"的角色，基于收益性和兼容性，发挥组织能动性，促进应用科学大学科研功能的制度化；（4）在

科研发展的不同阶段，发挥主导作用的制度要素不同。简言之，应用科学大学科研组织创新的制度化取决于创新的兼容性、收益性以及能动性，收益性和兼容性通过影响高校内部制度企业家的能动性来发挥作用，促成了科研组织创新的制度化。

第二节　科研发展制度化过程

一　整合式科研组织制度化过程

T 校的科研功能发展从确立到制度化，经历了需求探索（1992~2003 年）、规划形成（2003~2014 年）、调整及制度化（2014~2019年）三个阶段。本节从科研发展组织模式演变过程出发，分别从兼容性、收益性和能动性三个方面，对 T 校科研功能发展制度化过程的三个阶段进行分析（见表 5-2）。

表 5-2　T 校科研功能发展制度化各阶段影响因素分析

影响要素		阶段Ⅰ(1992~2003 年)"类科研"活动松散模式	阶段Ⅱ(2003~2014 年)研发活动院系模式	阶段Ⅲ(2014~2019 年)多学科科研活动矩阵模式
环境要素	制度环境	无	国家法律、政策要求	国家法律、政策要求，区域期待,同行认可
	技术环境	企业需求	企业需求	区域、企业需求
兼容性	兼容	企业需求	国家法律政策要求、企业需求	国家法律、政策要求、区域需求,同行认可
	不兼容	政策、法规要求,区域需求,同行认可	区域需求、同行认可	企业需求
收益性	组织	与企业合作机会	有限的外部经费合作机会	合作机会、外部科研经费增加、声望提升
	个人	个人收入	工作机遇、晋职机会	个人声望、合作机会、工作机遇、晋职机会

影响要素		阶段Ⅰ(1992~2003年) "类科研"活动 松散模式	阶段Ⅱ(2003~2014年) 研发活动 院系模式	阶段Ⅲ(2014~2019年) 多学科科研活动 矩阵模式
能动性	主要挑战	组织传统、目标、成员禀赋以及外部环境不适合发展科研	教师科研精力和能力不足、缺乏专业管理人员、科研发展院系导向、区域科研定位	政府拨款少、外部经费竞争激烈、缺乏激励机制、科研与教学结合
	行动主体	兼职教师	管理层、科研处处长	科研处处长、首席讲师

1. 兼容性

（1）阶段Ⅰ：需求探索阶段（1992~2003年）。

在本阶段，对 T 校科研发展发挥主要作用的环境要素是企业需求。国家对应用科学大学没有科研发展的明确要求，区域和地方政府也将 T 校作为本地技能人才培养的主要机构来对待，对其没有在科研方面的期待和需求。从科研活动形式和内容上来讲，只有少量的"类科研"活动，即测试或小型开发（Testing & Development），并没有真正意义上的科研活动。这些活动的开展大多是基于教师个人兴趣或社会关系建立的合作关系，因而主要活动形式属于"松散个人模式"。

从兼容性上分析，这一阶段的"类科研"活动对外符合企业的需求。企业基于自身需要，通过员工在学校兼职，委托他们开展测试或开发服务。在学校内部，此类活动符合学校传统和组织成员禀赋。T 校自建校起，作为一个以工程见长的技术学院就有为企业进行测试的传统，曾长期扮演工厂"测试车间"的角色。工厂师傅也作为学校的兼职教师，以师傅带徒弟的形式参与教学和测试或研发工作。T 校 1992 年升格成为应用科学大学后，兼职教师减少，但大部分教师与企业保持了良好的互动关系。因为教师本身来自行业，有些甚至就是企业的员工，在学校担任兼职教师，所以开展测试和研发符合他们的能力、工作性质和兴趣。

（2）阶段Ⅱ：规划形成阶段（2003~2014年）。

本阶段T校在已有开发活动的基础上，积极发展科研活动，其科研活动类型属于"科研开发"（Research & Development）。科研活动的开展主要在院系层面进行，校级科研处予以支持，科研组织结构形成"院系模式"。与芬兰大多数应用科学大学一样，T校在这一阶段的科研发展是为了满足法律和政府政策的要求，实现与外部环境的兼容，以维持发展科研的管制合法性。

2004年芬兰教育部启动了基于科研绩效的第一笔拨款，拨款指标包括从事科研活动的员工年限、科研规模以及基于项目的毕业论文数等。教育部要求各个应用科学大学结合区域发展重点及学校本身的专业优势，确定学校科研核心领域。为了符合法律及政策要求，满足外部兼容性，这一阶段T校在院校层面开展了一系列具有"象征意义"的科研发展活动。一是设立科研处，引进专业科研管理人才。二是2005~2006年，在学校区域定位的基础上，制定科研发展战略，确定了5个科研发展核心领域。

> 实际上，确定重点领域过程就是在给学校发展定位的过程。当我们与教育部进行协商时，教育部要求我们对此予以考虑。这些重点领域必须能够在芬兰以及国际上反映我们的优势。（科研处处长P，P11，L6-8）

三是在院系层面增加科研功能，施行院系主任"一岗双责"。

（3）阶段Ⅲ：调整及制度化阶段（2014~2019年）。

T校科研发展在本阶段经历了调整、完善和制度化过程。科研活动表现为跨学科研发和创新，教学科研一体化的"矩阵模式"的科研组织正式形成。从兼容性上分析，这一时期T校的科研组织结构出现重大调整，以提升与外部政策环境的兼容性。

为了鼓励应用科学大学与企业、公司和区域的合作，获取更多的外部经费，教育部从 2012 年起逐年减少教育经费。2014 年新的应用科学大学经费拨款模式正式生效。T 校教育经费也在逐年递减，2019 年政府教育经费占比仅为 24%。T 校一直以"高质量教育"著称，为了应对教育经费的缩减，采取了支持教育教学发展的科研发展策略。其核心是建立矩阵结构科研组织模式。该模式要求所有教师承担科研和教学双重责任（Dual Tasks）。分管 RDI 的副校长在访谈中对此进行了阐述。

> 2014 年应用科学大学经费拨款模式的变化迫使我们改变了教师的角色。要获得更多的资源和政府的经费资助，你必须有更好的结果和成绩。但是我们的教育已经很好了，要想进一步提升难度很大。我们想要获得更多的经费，必须在科研方面找突破口。（副校长 M，P2，L31-36）

随着矩阵结构科研组织模式的建立，T 校科研组织的外部兼容性有了较大的提升。

2. 收益性

（1）阶段 I：需求探索阶段（1992~2003 年）。

本阶段"类科研"活动所带来的收益主要是个人收益，表现在两个方面。一是参加此类活动的个人收入增加。二是此类活动增加了教师参与实践和与企业进一步合作的机会。这一时期，T 校的兼职教师是"类科研"活动的主体。根据当时的政策，企业员工可以到高校做兼职教师，学校教师也可以兼职为企业做相关工作，且都可以获得相应报酬。分管开发及服务的副校长对此做了介绍。

几十年前，普遍的做法是专业人士可以通过为企业做测试获得额外酬劳。教师通过兼职赚外快是一个很时髦的做法。（副校长 B，P7，L1-3）

从组织收益来说，教师与企业的合作，加强了学校与企业的联系，教师承接的测试与开发活动多，既稳固了学校在当地"测试车间"的地位，也增加了老师和学生参与实践的机会。

本阶段的活动在获得积极收益的同时，也给学校科研发展和个人声誉带来一定的消极影响。由于这些"类科研"活动是基于个人之间松散的联系，没有整体的规划及安排，因而其收益性缺乏长效性和稳定性。同时，"类科研"活动并不是真正的科研活动，教师参与越多，在外界的形象越容易被固化为"应用科学大学的教师不能胜任其他科研活动"。

它们（研究型大学）认为我们没有足够好的教师，没有设施，只能做测试。它们轻视我们。（科研经理 K，P23，L2-5）

（2）阶段Ⅱ：规划形成阶段（2003～2014 年）。

本阶段芬兰颁布的有关科研功能建立的法律法规、政策文件以及学校层面的科研发展举措为组织和个人都带来一定的收益。组织层面的收益主要表现在以下两个方面。一是科研队伍得到一定的发展，使组织结构得到完善。在法律赋予其科研功能以前，T 校作为教学型高校，并没有资格和经费建立科研队伍。2003 年《应用科学大学法案》的颁布，使 T 校具备了聘请科研人员的资格，并陆续从外部研究机构引进了专职的科研管理人才，如科研处长、科研经理以及科研财务主管等，设立了科研处。二是学校在区域发展中的角色有了一定体现，提高了学校声誉。根据教育部的要求，T 校逐步确定了学校核心领域，在这个过程中，T校将学校专业优势与区域需求进行了对标。同时与本区域内其他高校进行了区分，实现了差异化定位。这些从一定程度上提升了高校在区域的认可度。

个人层面收益主要体现在以下两个方面。一是教师在校内的合作机会增加，个人能力得到提升。围绕核心领域，建立了不同的科研团队，这使教师与院系内的同事合作机会增加。二是教师在校外同行眼中的角色得到一定改观，建立了科研声誉。以前T校教师在同行眼中是不适合做科研的群体。但随着科研功能确立、核心领域确定以及人才的引进，外部企业以及研究型大学和研究机构的同行们对T校教师从事科研合法性的认知有了一定改观。

（3）阶段Ⅲ：调整及制度化阶段（2014~2019）。

这个阶段科研发展带来的组织和个人收益明显。该校的科研项目数从2000年的每年2~3个到现在每年70多个。外部科研经费逐年递增，核心领域负责人调整后外部科研经费明显增加，由2014年的138.5万欧元增加到2018年的388万欧元。论文发表数大幅提升，年发表量自2010年的20篇增长到2018年的500多篇。科研能力在区域内的辨识度提升，企业、研究型大学和研究机构也越来越倾向于与T校合作。分管服务的副校长对此体会深刻。

> 我记得15年前，当我做研究时，我问一些来自公司的人是否会让应用科学大学做研发，他们说不确定。我认为现在他们已经很肯定了，因为他们看到我们做了一些科研，有很好的结果。（副校长B，P8，L19-21）

个人的收益主要体现在个人价值感的提升。"矩阵结构"运行模式下，规定每个教师都有科研与教学双重职责，学校并没有任何激励措施。但根据科研团队组建原则，能够参与科研团队的教师，一般被认为是学术水平较高、在某一领域有特长的专家，如首席讲师。参与科研工作提升了教师个人的声誉，给教师带来了无形资产收益。T校虽然鼓励每个教师都提出项目创意，但要经过校内严格的评审程序，才可以获批并得到校级资助和支持，同时可以作为项目负责人，组建研究团队。科研处处长在访谈中做了详细介绍。

> 实际上，在这种矩阵模式下，学校所有工作人员都可以提出项目构思或创意，也可以提出项目申请。我们会协助调整他们的工作安排，以保证他们有时间进行项目申请。然后我的部门将为他们提供一些支持。他们中的许多人在撰写提案方面不太有经验，但提出有关研究和开发构思是每个人的任务。那些从自己的专业知识和经验领域提出项目方案的人，就会作为项目经理，负责项目的申请和运行。我的办公室和部门只是一个支持单位，并不负责项目申请或运行。这样，教师通过参加具有挑战性的项目，能力将会得到提高。（科研处处长 P，P12，L20-29）

通过参与科研项目竞争，教师的科研能力得到了实质性的发展，这也为教师带来了无形收益。

3. 能动性

（1）阶段Ⅰ：需求探索阶段（1992~2003 年）。

无论是从外部环境还是组织内部禀赋来讲，T校在这一时期都不适合发展科研活动。但兼职教师基于个人兴趣或利益而开展的测试开发活动，无形中"自下而上"地促成了T校与行业企业合作关系的建立和存续，催生了T校科研活动的萌芽。从20世纪90年代起，大量的兼职教师到T校任职，主要目的是物色优秀的毕业生。他们每周进行3~5个小时的教学，主要工作内容是指导学生进行实践问题探究、设备测试或产品开发。在指导学生的过程中，兼职教师逐渐与校内的专职教师建立合作关系，共同帮企业解决实践问题。

> 他们（兼职教师）在这里教书的时候，通过喝咖啡时间、研讨会、会议或指导学生等方式认识了越来越多的校内教授，或者在指导学生毕业论文或设计中，与校内教授建立联系。校内教授给予学生理论方面的指导，兼职教师从企业的角度出发给予学生建议。他们在指导学生过程中相互了解，在共同领域相互合作，建立互信。（副校长 B，P9，L11-29）

组织层面的能动性出现于 2000 年前后。T 校领导层从非正式渠道获悉，应用科学大学的使命会有所改变，于是从学校层面开始尝试性探索。

一是设立了开发办公室并任命 B 为开发主任。

> 2000 年初，我是这里的开发主任。当时大家都知道新法律要为应用科学大学规定新的任务和功能，我们学校在 2003 年新的法律颁发前就开始相关的科研活动了。（副校长 B，P7，L6-9）

二是聘请了首位专职科研经理。受访者 K 现任职能机器科研团队科研经理，是 T 校聘请的第一位专职科研人员。K 的专业背景是环境技术，来 T 校之前已在企业工作，具备多年加热材料开发经验。他的第一学位是工程学位，是在 T 校获得的。他能应聘到 T 校工作，也是受当时开发主任 B 的引荐和推荐。

> 我是他们聘请的第一个专职研究人员，协助开发主任 B 推动 T 校的科研活动。我以前就认识 B。当年我是 T 校的学生，B 是信息技术教授，当时 T 校还只是一所技术学院。我获得了工程

学位，这是一个四年制的学位，这也是我获得的第一个学位。（科研经理 K，P22，L24-26）

副校长 B 和科研经理 K 算是 T 校科研发展的元老级人物。

（2）阶段Ⅱ：规划形成阶段（2003~2014 年）。

这一时期 T 校的科研发展也存在一些问题，主要表现在 5 个方面。一是由院系主任负责科研核心领域，科研活动囿于院系导向，没有在全校形成科研合力。二是学校没有规定教师必须参加科研工作，教师的主要任务依旧是教学，几乎没有时间和精力从事科研。三是有兴趣且有精力开展科研活动的教师数量依旧很少。科研处长 P 在访谈中对这一点进行了解释。

以前的研究领域由院系主任负责，但他们还有许多其他的任务要处理，没有太多的时间投入科研。而且他们的导向是基于各自院系的发展考虑的，也会影响科研领域的发展。（科研处处长 P，P11，L44-46）

四是学校教师的受教育背景及能力并不能适合科研发展。五是 T 校科研能力和水平并没有得到同区域内企业或同行的认可。

针对这些问题和挑战，学校领导层和以科研处处长为代表的管理层，发挥了积极能动作用。本阶段初期 T 校采取了正式组织结构与具体实践的"解耦"策略，即为了满足法律法规及政策要求，在学校层面设立科研管理机构，在院系层面增加科研功能，由院系主任负责。在实际操作中，教育教学继续作为学校的主要功能。2005~2006 年，T 校逐步明晰了学校科研定位，确立了 5 个核心领域，设立若干研究小组，由院系主任担任小组负责人，同时引进专职科研管理人员，在院校层面为研究小组提供支持。从组织能动性角度分析，本阶段的学校领导层和管理层扮演着制度企业家的角色，通过制度和实践创新推动了 T 校的科研发展。

（3）阶段Ⅲ：调整及制度化阶段（2014～2019 年）。

这个阶段 T 校科研发展主要面临以下挑战。一是政府拨款继续逐年减少；二是外部竞争日益激烈，尤其是在区域政府、公共机构以及企业的竞争性项目的争取方面；三是科研如何有效服务教学；四是缺乏科研发展的激励机制。

在应对这些挑战过程中，T 校领导层和科研处发挥着制度企业家的作用，在一定程度上推动了 T 校科研发展制度化的进程。在学校战略上，领导层确保"教育"优先权，保护并维持着 T 校在芬兰享有的"高质量教育"应用科学大学这一知名品牌。因此，T 校在科研发展中，从一开始就采取了整合策略，即教学与科研融合，通过科研项目促进教学。

> 通过科研项目，一方面能获得更多的政府资助，另一方面是为我们的教师和我们学校带来更多的知识，使我们的学生获得了新的知识。（副校长 M，P1-2，L35-36）

在科研人才队伍建设方面，引进和培养齐头并进，要求现有教师实现"双肩挑"。

> 当我们有科研项目时，我们的教师同时也应是活跃的研究人员。他们带领学生"在研究中学习"，施行教育和科研的结合。我说的教师，主要指的是高级讲师和首席讲师，他们负有教育教学和科研双重任务，这一点非常重要。（副校长 M，P1，L36-40）

为此，领导层将首席讲师的合同期从三年改为永久性合同；在新教师招聘中，尤其在首席讲师的聘任中，要求具备一定科研能力和研究经历、有志从事科研、有论文发表等。

纵观 T 校科研功能发展制度化历程，科研处处长 P 在其中发挥了核心作用，扮演了制度企业家的角色（见表 5-3）。

表 5-3　T 校科研处长 P 的学习及工作经历

时间	职务	学习及工作经历	所在机构
1981～1986 年	硕士	电气工程/计算机科学专业	坦佩雷理工大学
1986～1993 年	科研专家	计算机辅助安全分析	VTT 安全工程实验室
1994～1999 年	博士	化学工程/安全工厂设计	英国拉夫堡大学
1994～1998 年	高级科研专家	计算机辅助安全分析	VTT 安全工程部
1999～2001 年	科研经理	科研管理	VTT 自动化部
2002～2003 年	科研经理	科研管理	VTT 产业风险管理部
2003～2019 年	科研处长	科研发展战略规划与协调	T 校科研管理办公室

科研处处长 P 具有丰富的科研管理经验。在 2003 年应聘 T 校之前，他已在芬兰国家技术研究中心担任科研管理中层十多年。作为 T 校引进的第一位专职科研专家及中层管理人员，他在 T 校的科研发展战略制定及推进中发挥了关键作用。

他负责通过科研发展支持学校整体战略推进，将学校核心领域转换成核心科研领域，并负责所有与学校战略相关的公共经费支持的科研项目。在他领导下，科研处制定了严格的立项制度和规范化程序，确保科研项目符合 T 校发展战略。

任何一个项目创意或构思如果要在 T 校成功立项，必须满足多个条件，如是否有利于 T 校的战略主题、是否能够有效促进 T 校国际化、是否有利于与学习和教学相结合、是否能够满足区域发展和学校合作伙伴的需要，以及是否能够加强学校的战略伙伴关系等。（T-D17 "T 校项目立项程序"）

项目创意通过后，即可进入立项程序。立项执行标准化步骤如下。

①项目提案团队认真研读创意评估小组的意见；

②确保团队成员得到上级主管的许可；

③与科研管理部门负责人联系，商定项目申请书编制工作的最高预算和工期；

④填写预算表中人员和时间信息；

⑤通过电子邮件将预算表发送给所有创意评估小组成员；

⑥项目办公室设立项目编号，用于记录和监测在项目提案准备工作中花费的人工时间；

⑦进行项目建议书编制工作；

⑧项目建议书编制工作完成后，由分管 RDI 的副校长签发项目立项书，发至资助机构。

科研处处长 P 也是力主采取整合式科研组织发展策略的核心人物之一，主张培育本校科研队伍，反对教学、科研分离的科研发展模式。在 T 校与 P 校合并进程中，T 校摒弃了 P 校的分离模式，他认为"分离模式"的最大弊病是"雇用大量临时科研人员做项目，项目一结束，科研人员就解散，这样永远培养不出自己的队伍，也不利于学校整体专业水平的提升"。他将 VTT 的经验，即"用客户的资金壮大自己"移植到 T 校的科研发展管理战略中，提出"利用科研项目经费培育自己的科研队伍"，目标是通过执行科研项目，提升教师的科研和学术能力，以支持保障高质量的教育教学。T 校采用"矩阵模式"的科研组织结构也是基于这一目标的组织权变做法。从科研成效来看，与其他同类高校相比，虽然 T 校的外部科研经费规模一直比较小，但通过 5 年的纵向比较可以看出，该校的外部经费规模一直处于增长趋势。

二　分离式科研组织制度化过程

X 校的科研功能发展从确立到制度化，经历了三个阶段。在这个过程中，X 校从被动地应付，逐步发展到积极地回应和调整。2009 年以来，学校内部成员，包括校领导、管理及科研骨干等都发挥了能动性，为科研的制度化打下了基础。

本部分首先从兼容性、收益性两个方面对 X 校科研功能发展制度化各阶段进行分析（见表 5-4）；其次以纸纤实验室的发展为例，分析兼容性及收益性如何影响科研的制度化过程；最后从能动性视角分析制度企业家如何实现制度创业并推动组织的科研发展。

表 5-4　X 校科研功能发展制度化各阶段影响要素分析

影响要素		阶段 Ⅰ（1992～2003 年）需求探索时期	阶段 Ⅱ（2003～2014 年）规划形成时期	阶段 Ⅲ（2014～2019 年）调整及制度化时期
影响环境	制度环境	无	国家法律、政策要求，区域期待	国家法律、政策要求，区域期待，同行认可
	技术环境	区域需求	区域需求	区域及企业需求
兼容性	兼容	区域需求	国家法律、政策要求，区域需求	国家法律、政策要求，区域及企业需求，同行认可
	不兼容	政策、法规、区域需求、大学认可	区域需求、同行认可	无
收益性	组织	无	项目资金、核心领域确定、合作机会、科研声誉、人员引进	合作机会、外部科研经费增加、声望提升
	个人	无	工作机遇、晋升机会、合作机会	个人声望、合作机会、工作机遇、职务晋升
能动性	主要挑战	教师水平不适合科研、不能满足区域需求	教师没有时间发展科研、专业人才不足、不能满足企业和区域发展需求	政府拨款减少、外部经费竞争激烈、教学科研分离
	行动主体（制度企业家）	地方政府	地方政府、新校长	副校长及科研骨干

1. 兼容性

（1）阶段Ⅰ：需求探索阶段（1992~2003 年）。

本阶段国家法律和政策层面都没有对 X 校提出发展科研的要求。区域政府基于当地需求，用少量经费，支持 X 校开展小型的研发项目。X 校所在区域产业比较少，企业在科研方面对 X 校也没有需求。

学校升格为应用科学大学以后，其前身 M 校作为区域内唯一的高校教育机构，受到区域政府和地方政府的青睐和重视。四个校园分属的市政府作为 X 校的主办机构和所有者，期待 X 校能为该市的发展培养适合的人才、提供教育服务等，而并未期待 X 校在科研方面有所建树。区域政府基于市政发展需要，偶尔委托学校开展开发项目。如在 1997 年，区域政府支持了与环境保护和木材加工相关的小型开发项目，这也是 X 校的第一批科研项目。环境保护和木材加工目前在萨翁林纳依然有一些高水平的研究。因此，该阶段比较有利于 X 校科研发展的环境要素是区域的需求和支持。

（2）阶段Ⅱ：规划形成阶段（2003~2014 年）。

2003 年以后，法律赋予应用科学大学科研功能后，X 校同其他高校一样，在学校内部采用了战略回应。一是在学校的使命描述中增加科研功能；二是区域政府对 X 校新的科研功能充满期待，希冀 X 校能引进科研人员带动本区域的发展。X 校环境安全部研究经理属于第一批科研管理人员。

> 1999 年我获得了工程学士学位后就在 M 校工作，并于 2006 年担任环境科学项目经理。（科研经理 X-RM1-ES，P6，L6-7）

三是在院系增加科研功能，院系主任兼任科研主任。这一时期研发项目重点在一些工科院系开展，如木材、环境和物流专业。因为这些专业在职业技术学校时期，就开展过少量的实践开发项目。

这一时期，在区域的支持下，X 校创建了一批旗舰项目。如2005 年，在南萨沃区政府支持下，拉普兰塔理工大学萨翁林纳校区与 X 校（当时的 M 校）合作，成立了区域纸浆与环境技术研究小组（纸纤实验室前身）；2007 年，在屈米区政府支持下，物流发展项目（NELI 前身）在 K 校创建；2008 年，在南萨沃区政府参与支持下，青年研究与发展中心（JUVENIA）在 M 校建立。

这一时期的一个重要时间节点是 2009 年，这一年新校长 X-P 上任。X-P 校长积极回应国家政策和区域发展的需求，将加强科研发展明确作为学校的重点工作之一，推行系列战略举措。一是建立科研发展激励机制，提出科研绩效与个人收入挂钩。二是调整管理结构，增设分管科研校领导岗位，并任命当时的科研处处长为分管科研副校长。三是接受区政府建议，全面接管纸纤实验室。拉普兰塔理工大学因运转不灵，退出纸纤实验室的建设与管理。四是回应区域政府和地方政府的要求，成立 X 校有限公司，M 校与 K 校合并进程正式开启。五是回应市场和利益相关者需求，决定进行组织结构改革，将科研与教学职能分离，采用集中发展科研策略，进行科研专业化发展。重新界定科研核心领域，聘请专业的科研主任和科研经理。

（3）阶段Ⅲ：调整及制度化阶段（2014~2019 年）。

为了回应区域内企业和公共机构的需求、获得更多的外部科研经费，2014 年 X 校在科研发展中采用了"分离策略"，正式建立高效的专业化组织模式。

这个阶段，X 校的科研水平受到其他利益相关者认可，合作进一步拓展。2015 年学校专注于数字档案的研发中心"数字城"成立，该中心由 X 校与赫尔辛基大学和芬兰国家图书馆联合共建，是

一个应用科学大学与研究型大学和国家机构合作的范例。2017 年 M
校与 K 校正式合并为 X 校。K 校的传统领域——物流和海运成为 X
校的第 4 个科研核心领域。两校合并后，学校校园位于 4 个小市镇。
核心领域分布在其中 3 个小市镇，为所在市镇发展带来了机遇。
2017 年，新的核心科研领域——创意工业在第 4 个校区所在市镇科
沃拉创建。创意工业以前只是数字经济领域的一个研究部门，由于
近几年当地对此领域的需求猛增，X 校与科沃拉市决定将其扩展为
一个核心领域。该核心领域的创建完全是基于当地发展需求，由地
方政府投资建立。

数字经济领域科研主任对数字经济这一核心领域进行了介绍。

> 创意工业位于科沃拉校园，我认为这个领域对于科沃拉市和
> 屈米区非常重要，当地有很多创意游戏产业。以前也有很多不同
> 的教育领域与此相关，但没有那么多与创意产业相关的研发项
> 目，这个新领域的建立纯粹是因为当地有需求。（科研主任 X-
> RD3-DE，P13，L4-7）

此外，2019 年 X 校与芬兰最大的研究型大学阿尔托大学签订战
略合作协议，将充分利用阿尔托大学-米凯利校区进行科研、教学等
深度合作。

2. 收益性

对 X 校收益性的分析聚焦不同阶段 X 校的科研发展是否为 X 校
的组织或个人带来有形的或无形的收益，无论哪种收益都有利于促进
科研的发展。

（1）阶段 I：需求探索阶段（1992~2003 年）。

这一阶段基本没有真正意义上的科研活动，科研活动几乎没有带
来组织收益和个人收益。与此相关的是零星的开发项目，这些项目由

区域政府或地方政府支持，主要是基于地方的需求。由于 X 校属于刚刚升格的应用科学大学，教师主体都是教学型老师，开发项目由部分教师和校外兼职教师合作完成。本阶段的组织和个人收益来源是零星的校外合作机会。

（2）阶段Ⅱ：规划形成阶段（2003~2014 年）。

此阶段，科研功能的组织收益略有提升，个人收益有所体现。由于这一阶段法律规定的科研功能的确立，加之学校设立了应用科学大学硕士学位，X 校获得了一定的合作机会。其间地方政府扶植或合作设立了几个重要的科研项目，如纸浆与环境技术研究小组，使 X 校获得了一定项目资金。在个人收益方面，使个别参与项目的专职科研人员，如纸浆与环境技术研究小组成员，增加了与研究型大学或企业研发人员合作的机会。

纸纤实验室主任（科研经理）对实验室的成立进行了介绍。

> 纸纤实验室最初成立于 2005 年，由萨翁林纳市政当局、M 校、拉普兰塔理工大学和南萨沃地区共建，现在的森林、环境和能源核心领域科研主任 Lasse Pulkkinen 当时是 M 校科研小组负责人。（科研经理 X-RM2-LAB，P22，L3-5）

本阶段科研功能发展的主要举措是设立分管科研副校长，将科研功能从教育功能中剥离出来，设立 3 个核心科研领域。这些举措带来的组织收益主要是引进人才。2013 年，X 校引进了一批专业、有经验的科研人才，专职科研人员数量明显增加，在全院教职工中的占比从 2009 年的 11.6% 上升到 2014 年的 16%。

这一阶段的个人收益主要体现在科研骨干的晋升机会，例如，原科研处处长升任为分管科研的副校长，原纸纤实验室主任升任为森林、环境和能源领域科研主任、原青年社会系主任升任为可持续社会福祉领域主任等。

> 2009 年，新校长上任后，我的事业改变了，我开始担任副校长。之前我是科研处处长，当然也有很多其他职位，但主要从事是科研和开发工作。（副校长 X-VP，P17，L33-37）

（3）阶段Ⅲ：调整及制度化阶段（2014~2019 年）。

本阶段科研发展带来组织和个人收益的显著提升。本阶段通过有序引进有经验的专业科研人才，X 校的科研规模得到很大发展。截至 2018 年，科研外部资金从 2014 年的 750 万欧元增加到 1400 万欧元，核心领域稳定发展；活跃的外部合作伙伴达 170 家左右，科研经费来源增加到 40 多种。此外，科研人员的规模、学历层次符合科研发展的需求，例如，科研队伍从 2014 年的 50 人扩大到 2018 年的 279 人，拥有博士学位的科研人员从 45 人增加到 57 人。

3. 能动性与制度企业家

在 X 校科研发展过程中，尤其是在 2009 年以后，多位组织成员，如校长、分管科研副校长 X-VP 以及可持续社会福祉领域科研主任 X-RD1-SW（以下简称"科研主任 SW"）共同扮演了"制度企业家"的角色（Battilana et al.，2009）。他们居于组织重要位置上，具有敏锐的反思特质，对现有制度提出质疑，提出变革意愿，并且能够利用游说、制定目标、统一行动等各种策略创造新制度，促成创新实践的推进（Di Maggio，1988；Fligstein，1997；Maguire et al.，2017；Battilana，2006；Mutch，2007）。

人物一——分管科研副校长 X-VP

长期居于组织正式位置的中高层。副校长年近 60 岁，他早年在东芬兰大学获得历史硕士学位，自 1991 年起到 M 校工作，从事教学工作 10 年后，先后担任文化和青年工作系主任、科研处处长、分管科研副校长。2016 年，他担任 M 校和 K 校合并期间的联合科研处处长。2017 年起，任 X 校分管科研副校长（见表 5-5）。

5-5　X 校分管科研副校长工作经历

时间	工作单位	职务、职位	工作内容
1991～2001 年	M 校	教师	教学
2001～2009 年	M 校	文化和青年工作系主任、科研处长	教学管理
2009～2016 年	M 校	分管科研副校长	科研管理
2016～2017 年	M+K 校	两校科研联合处长	科研管理
2017～2019 年	X 校	分管科研副校长	科研管理

副校长在中层岗位上有近 10 年的经历。2009 年，他被提任 M 校分管科研副校长。在他的领导下，M 校的科研发展富有成效。科研主任认为副校长是"让这一切发生的人"。

他对科研工作充满激情，在与 K 校合并前，M 校的研发和创新活动令人印象深刻，当时我们在科研活动方面积累了丰富的经验。（科研主任 X-RD1-SW）

反思特质——提出变革意愿。2012 年，当芬兰教育部新的拨款政策启动后，M 校决定扩大科研规模。副校长认为必须建立一支专业的科研团队。在访谈中，副校长分享了他的想法。

2014 年之前，我们的科研组织模式是科研与教学相融合，科研工作属于教学院系的一部分，这也是大多数应用科学大学采取的方式。但如果想增加项目的数量，必须改变我们的组织方

式，使其更专业一点。（副校长 X-VP，P17，L42-44）

他这个想法的提出是基于对欧洲和芬兰有关高校扩大科研规模的实践考察和了解。

利用游说策略获得支持。最初，他的想法并没有得到校长和董事会的同意和支持。因为建立专业的团队前提是要将科研与教学功能分开，意味着要进行激进的组织结构改革。但是他得到了一批科研骨干的支持，主要代表人物是时任社会与青年工作系主任、现任科研主任的 X-RDI-SW。他们与副校长一样对未来充满信心。有了他们的支持，副校长受到了极大的鼓舞，经过多次努力和论证，终于得到学校决策层的应允。

> 我把我的想法告诉了校长，最开始他并不同意我的观点，后来经过协商，他同意了。我们开始改革。当然这是一个重大的改革，并不是那么容易。因为从零开始，没有任何经验。我很幸运，因为我们有一批非常有才华和积极活跃的系主任和科研主任。他们和我一样，对改革的成果充满期待且雄心勃勃。（副校长 X-VP，P17，L47-49）

领导变革。在副校长的领导下，M 校自 2013 年着手进行组织改革。2014 年各项工作基本完成，建立了与教学分离的科研团队。但这只是在组织结构上的分离，在工作机制上教学与科研保持密切互动。

副校长认为，要想在科研中有竞争力，就必须建立一支专业化的科研团队。要实现专业化，就必须拥有专职的、有丰富经验的高素质科研人员，且要赋予科研团队灵活充分的自主权，这有利于他们高效地开展工作。

    如果想在残酷的外部科研经费竞争中胜出，就必须建立专业化的团队……我们有的科研团队，像研究型大学一样的卓有成效。目前团队是这样的，我下面是各个领域的科研主任，科研主任下面有若干研究单位和实验室，这些单位都有充分的工作自主权。因为我们需要与地区、企业和行业等多种组织建立良好的关系和沟通，这有助于找到合适人选。（副校长 X-VP，P18，L24-27）

    科研主任必须对这一领域的实质和内容有足够的了解。此外，他们还必须有激励研究的能力，有良好的领导能力。因为他们在与大批受过良好教育的员工一起合作。所以他们不仅要有足够的知识和天赋，还要有一颗热爱科研工作的真心和灵魂。（副校长 X-VP，P19，L31-34）

团队目标是关键。X 校新的科研组织模式建立后，科研规模增长显著。外部科研经费自 2014 年起连续 5 年位居芬兰应用科学大学之首。

    2014 年我们的外部科研经费规模是 750 万欧元，2015 年是 1000 万欧元，2017 年是 1200 万欧元，2018 年突破 1400 万欧元。（副校长 X-VP，P18，L43-48）

副校长认为，之所以取得这样的好成绩，除了有专业的科研团队，还必须有具备才华的领导和有效的激励机制。

    对于我的团队来说，最重要的是制定明确的团队目标。也就是说，我们领导层必须要有好的机制去激励那些受过良好教育、拥有自由灵魂的员工，这一点非常重要。（副校长 X-VP，P18，L43-48）

　　副校长认为要建立一个高效专业的科研团队，确定明确而清晰的团队目标至关重要。团队目标的确定是通过协商自上而下进行的。例如，副校长与各领域科研主任协商，制定领域年度目标；各领域科研主任与本领域其他部门和团队负责人协商制定下一级的目标。在运行的过程中，各个团队通力合作，互通有无，及时发现问题并解决问题，保障目标的实现。

　　为了保障目标的实现，在副校长的主张下，学校推出"平衡积分卡"作为管理工具，即通过监测"平衡积分卡"的执行情况来实现目标管理。积分卡罗列了各个团队的年度目标，包含了要获得外部经费、国际项目数量、论文出版数量、专利数等十多个目标。各研究主任每年至少对他们的团队积分卡的执行情况检查4次，副校长与科研主任组成的校级科研工作领导小组，每年对所有团队平衡积分卡执行情况检查3次。

　　　　"平衡积分卡"是非常简单和容易的监测工具。积分卡明确地罗列了各个科研团队或项目负责人的任务目标。积分卡在整个团队是公开的，因此每个人都会明确自己的责任和目标完成情况。我认为这是一个重要的激励要素。同事们都知道，这也是我主张推行的。（副校长 X-VP, P20, L33-35）

　　敏锐的判断力和前瞻性。作为主张和引领科研改革的关键领导者，副校长不仅在科研团队建设方面的决策正确有力，而且在对学校的科研发展方向和发展领域的选择和确定方面也具有敏锐的判断力和把控力，如科研核心领域的聚焦和确定。有的领域在几年前并不被看好，但如今实践证明，他当时的预判和决策非常正确。

　　　　例如，生物经济和纸纤技术，发展仅有5~6年时间。当时，芬兰有许多高级研究机构的负责人和研究人员都不认为纸纤或林业会有发展前途，认为它正在衰退。但我当时的想法恰恰相反。我相信一个国家拥有其他国家没有的东西，那么它在未来的经济中肯定会越来越重要。森林资源对芬兰来说就是这样。但我们要思考的是如何用木材和纸纤制造新型产品。事实证明，现在人们对生物经济的兴趣迅速增长。（副校长 X-VP，P20，L1-8）

副校长认为，在做决策时需要具备前瞻性，能够透过一些细小的信号判断未来发展趋势。他通过几个核心领域的发展，举例说明战略思维在决策中的重要性。

我们在决策时一般都能着眼未来，这是非常重要的。需要对一些细小的信号保持敏感，预测明年或 3 年内要发生的事情。森林产业就是其中一个例子。我们在 3~5 年前已经做出了明智的决定，现在我们在收获果实。当然，收获季不可能在同一刻或同一年，它是一个循序渐进的过程。数字经济领域也一样。2009 年，在 M 校时期，我们就开始发展这一领域，现在一切都到位了。我们选择数字档案而不是整个数字领域作为重点发展方向。同时在数字福利下，也聚焦一些关键点。另外，物流是屈米区的优势行业，我相信未来对有关物流解决方案的需求会迅速增长。由于旅游、购物方式的变化，越来越多的网络购物和环境压力，需要高效便捷的物流，同时对环境和气候更加友好。因此，在把握科研发展方向时，这些战略思维很重要。（副校长 X-VP，P20，L10-18）

以上有关副校长的个人经历及其在 X 校科研制度化过程中发挥的作用，清晰展现了制度企业家的制度创业过程。一是他具有制度企业家的反思特质，在外部环境发生变迁时，体验到环境结构性冲突、构想新观念并伺机推动制度创业（Mutch，2007）。如在教育部实施新的拨款机制后，他敏锐地感知到潜在的组织发展机遇，并意识到已有的教学科研融合发展模式对科研发展的掣肘，于是积极提出教学科研分离的构想。二是他具备一定的社会技能，如与上级或不同利益团体进行适当的讨价还价等策略，积极向其他行动主体宣传并灌输共享意识，促成其共同行动（Fligstein，1997）。在改革初期，副校长的提议并未得到新校长和董事会的同意。但是他与科研主任等一些科研骨干有充分的沟通，获得他们的支持，并用国内和国际其他高校的成功实践做范例，与校长多次交涉，最后成功地得到了决策层的认可和同意。三是在构想提出后，他能够积极制定发展目标，积极筹措动员改革资源（如进行人才引进等），采用平衡积分卡等管理手段，有效引领团队进行制度创业，最终推动制度创业制度化，即教学科研分离模式组织形式建立，实现了科研规模的扩大，外部科研经费连续5年位居同类院校之首。

人物二——科研主任 X-RDI-SW

X校的科研主任主要是指4个核心领域的负责人。在分管科研副校长的眼里，他们是"有才华、活跃、受过良好教育、有自由思想"的人才。在2013年以前，M校的科研主任由系主任兼任，相比于教学工作，科研工作并不是主体。2013~2014年，M校着手将科研从教学中分离，设立3个核心领域科研主任岗位，其中两个科研主任是在本校教师中产生的，即社会工作、青年工作和文化管理系（以下简称"社管系"）主任作为可持续社会福祉领域科研主任，原纸纤实验室科研主任作为森林、环境和能源领域科研主任，数字经济领域科研主任由来自东芬兰大学一位资深研究员担任。2016年，在M校和K校的机构进行合并期间，物流和海运成了第4个核心领域，现任主任于 2018 年由来自当地市政府的一位研究员担任。4 位主任的共同特点都是拥有博士学位和丰富的科研管理经验。在 4 位主任中，可持续社会福祉领域科研主任 X-RDI-SW 是与副校长一起改革的重要人物之一，她提到"研究、开发与创新（RDI）应该成为应用科学大学的核心要素"。

长期居于组织中正式中层职位。科研主任 X-RDI-SW 于 2009 年到 M 校工作，之前她曾在研究型大学工作 10 年。到 M 校后，她先在社管系做首席讲师，承担教学及科研工作。同年，她所在系的系主任被调任副校长后，由副校长推荐，她被聘为社管系主任，负责教学科研管理工作。2014 年起，她担任可持续社会福祉领域科研主任（见表 5-6）。该领域有 60 人，均为全职科研人员，所有研究人员的工资由外部经费负担。领域下设若干研究部门或专业领域包括基于数据福利服务、青年工作、负责任旅游、智能食品服务等。

表 5-6　X 校科研主任 X-RDI-SW 的工作经历

时间	工作单位	工作职位	工作内容
1999~2009 年	研究型大学	科研人员	科研工作
很短时间	区域办公室	行政人员	行政工作
2009 年	M 校	首席讲师	社会工作、青年工作和文化管理系科研及教学
2009~2014 年	M 校	系主任/科研主任	社会工作、青年工作和文化管理系教学科研管理
2014~2017 年	M 校	科研主任	科研管理（可持续社会福祉领域）
2017~2019 年	X 校	科研主任	科研管理（可持续社会福祉领域）

发现问题，提出改革意愿。X-RDI-SW 在担任系主任时，也负责系里的科研管理工作，她承认科研管理当时不是她的主要工作。作为系主任，她觉得教学和科研融合发展的做法是不对的，不利于科研发展。

一方面，教师的数量是一定的，但教师的教学任务已濒临饱和，因此根本没有时间做科研。

> 我担任系主任时，我一直知道这是个问题。教学和教学活动占据了教师的所有时间。可能因为我来自研究型大学，我认为开展 RDI 活动，应该成为应用科学大学的核心要素。（科研主任 X-RD1-SW，P1，L18-19）

另一方面，即使有时间做科研项目，教师的能力也不能满足科研发展的需要。

> 即使有人有空余时间，想开展 RDI 活动，但我们并不能为科研活动提供必要的专业支持。我认为这非常低效。况且教学与科研的能力要求不一样，教师需要具备不同类型的专业知识，比如教学法和咨询技巧等。科研人员需要具备不同种类的实践技能和资格，而部门主管或领导需要具备其他技能，没有人是全能的。（科研主任 X-RD1-SW，P1，L42-49）

因此，SW 非常支持将教学和科研职能分开。在这一点上，她与副校长意见完全一致。

应用科学大学像经销商。作为科研主任，SW 对应用科学大学发展科研的必要性和重要性有清晰的定位和认识。她认为，学校需要增加外部科研经费，必须大力发展科研。与研究型大学相比，应用科学大学获取科研经费的渠道非常有限，这就需要对应用科学大学科研有清晰的定位。在她看来，应用科学大学的科研拥有独特的地位，即处在知识生产（研究型大学）和产品开发（产业）之间。应用科学大学从事的应用研究，应该是将研究型大学的科研成果进行开发，以方便企业对其进行市场转化。因此，她认为应用科学大学应该是扮演一个知识"经销商"的角色。

> 我们不是研究型大学，没有足够的科研经费。但我认为现在和不久的将来，我们需要做"经销商"。我这个科研主任，也相当于一个"经销商"。在社会上，应用科学大学就是"经销商"。学术界有丰富的学术知识、丰富的学术研究、丰富的学术信息，但生产这些知识和信息的学者并不擅长将它们应用到实践中。同样，我们有很多企业家、公司和行业，他们没有时间、技能和能力来利用这些学术信息和知识。我们就可以扮演他们中间的"经销商"角色，只要了解这些组织和企业家需要什么样的信息和知识。我们这些科研人员了解学术界和学术研究，有技能或能力充当研发的"激发器"。因此，我们需要不同种类和专业知识的科研人员，帮助处理这些信息，最终支持这些公司和企业利用这些信息进行开发工作。（科研主任 X-RD1-SW，P2，L1-12）

这是我最好的职业之一。 X-RDI-SW 热爱在 X 校的科研管理工作。当年她出于家庭原因调到米凯利工作。在到大学工作之前，她也有短暂的在地方政府工作的经历。她认为目前从事的科研管理工作是自己最喜欢的职业之一，因为这种工作让她接触到了真实的社会。

> 我很高兴当年离开研究型大学来到这里，使我有机会看到一个真实的世界。这也是我最好的职业之一。所以我现在干得比我在研究型大学好得多。虽然我当年来这里是因为家人和孩子，但现在我很高兴我来到这里了。（科研主任 X-RD1-SW，P2，L38-41）

她认为从事应用科学大学科研工作非常有价值、有意义。因为应用科学大学所开展的科研是为真实的世界服务。相比于研究型大学，在应用科学大学从事科研工作也更自由。越来越多的学术人员倾向于到应用科学大学工作，出现了一种"逆向学术漂移"现象。应用科学大学地位的提高从一定程度上也是因为科研水平得到了同行的认可。X-RDI-SW 对这一点高度认同：

> 我发现在过去的 3~4 年里，越来越多研究型大学同行转到应用科学大学工作。有的教授和高水平的研究人员有兴趣参与应用科学大学科研项目或活动。所以我觉得和以前的情况有点反过来了。我觉得科研活动使应用科学大学的识别度不断提高。此外，高校的拨款机制变化后，各种科研经费的竞争更加激烈。所以，单纯从事科研的工作空间越来越小，研究型大学也不再是理想的工作环境。人们越来越发现，帮助企业、公司做研究会更自由，比在研究型大学从事科研更有价值和实践意义。（科研主任 X-RD1-SW，P2，L28-36）

对于 X 校的科研发展状况，她感到非常自豪。她所负责的是以社会保健、食品管理、青年工作和旅游接待为基础的可持续社会福祉领域的有关研究，共有 60 多位研究人员。有的专业如青年工作或青年教育，因为在全芬兰只有两所大学有类似的专业，所以它不仅在当地受欢迎，在芬兰全国也有很高的知名度。

> 我们目前在地方和全国有近 200 家利益相关机构。研究型大学和研究机构是我们的合作伙伴，不是我们的利益相关者。我们可以在一些研究项目中合作，并申请研究经费。我提到的利益相关者指的是企业、公司以及所有我们为之工作的公共机构。（科研主任 X-RD1-SW，P3，L20-24）

> 我们的科研处于非常好的水平，因为我们有这么多的合作伙

伴和利益相关者信任我们，并希望我们支持他们的业务或他们的研究开发工作；还有更多的企业家和利益相关者，他们愿意购买我们的研究和服务，说明我们这方面质量很好，我们擅长做科研工作。（科研主任 X-RD1-SW，P3，L12-15）

科研与教学最终要融合发展。X-RDI-SW 与科研副校长 X-VP 在合作中建立了牢固的信任关系。她在 X 校的努力受到了该副校长的赏识。2009 年她刚到 M 校的时候，副校长任她所在系的系主任。之后受副校长的推荐，她担任社管系系主任。她与副校长之间的交流比较顺畅。关于科研发展问题，她与副校长观点高度一致。

在她看来，X 校的科研成绩能如此出色，主要是因为副校长具有远见卓识和杰出领导力。

关于目前教学与科研分离模式，她认为只是一个阶段性的选择。因为当教学与科研都不是很强的时候，必须先各自发展提升，在获得一定能力和知名度后再进行融合，学校的发展水平就会"螺旋式"上升，而只有学校的整体水平提高了，才可获得更高的社会声誉和更多的合作机会。

我认为只有拥有了一定知名度才能有利于开展合作。如果学校的教学和教学活动水平很高，科研以及所有参与的人也有很高的知名度，这样才能展开合作。当然，这是最好的结果。我想这是副校长要将教学与科研分开的主要原因。我希望在未来，科研和教学还是要融合。但我们现在需要采取这样的措施。科研与教学的合作在不断加强，越来越密切。正如我前边介绍的，我与所有教学院系的负责人合作紧密。我们经常就如何合作进行讨论，我们的项目经理和科研经理经常也与教师保持密切联系。我们让学生参与我们的项目。但我们需要分步走，现在先分开，以后再

融合。我认为这非常重要。（科研主任 X-RD1-SW，P1，L25-28）

以上分析显示，科研主任 X-RDI-SW 具有明显的制度企业家特征。一是根据反思特质论，她的"局外人"身份以及"多样化的生活经历"（Mutch，2007）使她具备反思性，体验到结构性冲突。她2009 年从研究型大学进入 M 校。在研究型大学的经历使她能够作为一个"局外人"来审视应用科学大学科研发展的问题。她敏锐地发现，科研活动应该成为应用科学大学的核心要素之一，但教学和科研融合的组织模式严重阻碍科研发展，是"有问题"的。

二是她进入 X 校后，直接应聘为首席讲师，没过多久，就担任系主任一职。她虽然身为中层，但因与高层保持着"强关系"，她具备制度创业的人脉资源（Battilana，2006；Garud et al.，2007）。

第三节　小结

本章分析表明，应用科学大学科研功能发展制度化过程与制度环境和技术环境的影响密不可分。影响要素包括兼容性、收益性和能动性。科研发展不同阶段，发挥主导作用的影响要素不同。

在第一阶段即需求探索阶段，两所学校科研发展主要受外部兼容性的影响。T 校为满足企业的需求，开展测试、开发等"类科研"活动；X 校为满足区域的发展需求，在区域政府的支持下承接一些零星开发项目。学校传统和员工能力等内部组织禀赋，是满足外部需求和要求的基础。这一阶段的收益性主要是个人收益，包括个人收入与合作机会等。

在第二阶段即规划形成阶段，发展初期（2010 年以前）主要影响要素是外部兼容性，即国家法律法规、政策的规制要求。两所高校都采取了教学科研融合的院系科研组织形式。在具体实践中，科研活动并不是主体工作。同时，在教育部政策的要求下，两所高校都进行了核心科研领域的确定，即科研在区域的定位。这一阶段的组织收益性比较明显，如人才引进，在区域发展中获得了一定位置以及社会服务的辨识度提高。

在第二阶段后期，即 2010 ~ 2014 年，主要影响要素是组织的能动性。两所高校都出现了制度企业家。T 校以科研处处长为代表的学校管理层发挥了能动性。X 校制度企业家代表有新任校长、科研副校长以及科研主任。本阶段两校的组织收益明显，如人才引进、在区域内的辨识度的提升、研究型大学的认可、合作机会增加等；个人收益主要表现为获得职务晋升、同行认可以及合作机会等。

在第三阶段即调整及制度化阶段，制度化的主要影响要素是外部兼容性和组织的能动性。这一时期主要是教育部新的拨款政策出台，应用科学大学面临不确定的技术环境，获得更多的外部科研经费成了应用科学大学面临的首要任务。面对外部环境的变化，两所大学都发挥了组织能动性。

本章的主要结论如下。一是在应用科学大学科研发展制度化的过程中，在不同发展阶段，不同的影响要素起主导作用。同时产生作用的影响要素之间存在清晰的逻辑关系，即外部兼容性是科研发展的诱因和动力；收益性是科研发展的结果，而且个人收益往往与组织收益相伴而生；组织中的群体或个人基于兼容性和收益性的综合考量，发挥能动作用。

二是验证了有关制度企业家反思特质论（Mutch，2007）、位置地位论（Battilana，2006）以及社会技能论（Fligstein，1997）。两所案例学校的制度企业家都是具有强烈反思特质的行为主体，他们在外部环境发生变化时，能敏锐地意识到现有制度的缺陷。如 T 校科研处处长意识到系主任"双肩挑"为科研发展带来的阻碍，意识到学校集中科研组织策略对本校教师能力发展的不利，因而提出变革建议。X校分管科研的副校长X-VP和科研主任X-RDI-SW发现教学科研一体化对科研发展的掣肘，意识到建立专业化的科研队伍对扩大科研规模的重要性。他们在组织中都居于正式位置，且有聚集资源的能力。T校科研处处长与X校科研主任X-RDI-SW虽然处于中层位置，但都属于中等持久水平。在推进制度创新的过程中，也采取了策略性行动，如游说、与上级或不同利益团体进行适当的讨价还价。

三是在组织创新的过程中，社会网络关系对创新的发展有促进作用。对两所案例学校科研发展制度化分析发现，在需求探索阶段和规划形成阶段前期，"熟人关系"（强关系）有明显促进作用。这种熟人关系是基于专业背景或工作场域建立起来的，包括师生关系、老上下级关系或老同行。熟人关系中，彼此了解对方的能力和经历，更易于达成共识、建立比较稳定的互信关系，利于统一行动或资源共享。比如，20世纪90年代T校的类科研活动都是通过教师私人关系开展的，来自企业的兼职教师与专职教师之间信息畅通，了解哪些人在哪些领域有某种专长，他们就互相牵线搭桥，建立合作关系。学校聘任的第一位专职科研人员K是T校的校友，也是时任开发主任M早年的学生。2000年，当T校要探索院校推动科研发展时，K成了第一位专职科研经理，协助开发主任M的工作。在X校，科研主任X-RDI-SW与分管科研副校长X-VP是同一所研究型大学的校友。在访谈中，两人对M校的科研发展中遇到的问题、改革的必要性和改革方式及未来发展方向意见高度一致。两人在访谈中也是高度赞赏对方对于改革的见解。副校长X-VP也承认，科研主任的支持尤其是X-RDI-SW的支持，促进了学校决策层对科研与教学分离的改革方案的认可。在调整及制度化阶段，通过合作建立的社会网络关系，尤其是科研主任、科研经理、核心领域负责人等的社会关系，对科研资源共享、项目渠道拓展、经费来源拓展有明显的促进作用。

案例分析表明，在影响组织创新制度化的三要素中，组织创新的外部兼容性和内部收益性影响组织能动性的发挥。同时，组织中扮演制度企业家角色的个人或集体是组织发挥能动性的关键力量。

第六章 后发高等教育组织创新
实践解释框架

第一节 平等而不同：芬兰应用科学大学的使命

芬兰应用科学大学的发展成为芬兰经济和国际竞争力提升的主要贡献者和区域创新体系的重要组成部分。除了为地方经济培养了大量的技能人才，更重要的是芬兰应用科学大学开展了与地区经济发展紧密相关的实践和应用研究，有力地支持了地方新型产业的发展和传统产业的转型升级，实现了与区域产业的共同演化。芬兰应用科学大学能够长足发展的原因，一是在国家层面，以法律的形式确定了应用科学大学享有与研究型大学系统"平等"的高等教育属性和"不同"的功能定位。二是在院校层面，应用科学大学能够根据国家政策变化和区域发展需求现状，积极发挥组织能动性找准区域定位，选择适当的组织发展路径和模式，使其科研能力得以提升并逐渐获得社会和利益相关者认可，做到了"有为而有位"。

首先，"平等而不同"的法律地位，为应用科学大学科研发展提供了制度保障。应用科学大学与研究型大学同属高等教育组织，在国家及社会建设中，共同承担人才培养、科学研究、社会服务以及文化传承的功能和使命，且法律地位平等。此处的"不同"，强调的是类型差异，即两种系统在人才培养的目标、科学研究的类型、社会服务和文化传承的内容和范围上，实行差异化发展。就科研来讲，应用科学大学与研究型大学在科研性质上并没有清晰的界限。如本书图1-2所示，研究型大学与应用科学大学的科研同处于知识生产连续体的两端，但相互之间又有交叉。从科研内容和类型区分，研究型大学的科研更接近知识生产模式1或基础研究，以发现和探索为目标，以学科发展为基础。应用科学大学的科研更接近知识生产模式2或应用研究，强调跨学科和应用情景，具体包括"开发和实践"，关注科研成果的测试和应用，或针对实践问题提出新的方案和思路。因此，芬兰应用科学大学与研究型大学的科研不存在层级的高低，只是在服务社会发展中的角色不同，各有千秋。

其次，"有为而有位"是应用科学大学在院校层面发挥组织能动性，积极应对外部环境变化的结果。法律赋予了应用科学大学在区域发展中的独特地位。区域性是应用科学大学区别于研究型大学的主要特质。区域内经济发展状况、产业结构模式、企业的数量和类型、高等教育机构和研究机构的数量等，作为区域环境的重要组成部分，均不同程度地影响应用科学大学的科研发展。处于不同区域的应用科学大学，因所在区域环境和特质的不同，科研发展路径和模式不同，发展成效差异明显。芬兰没有针对应用科学大学科研的评价体系。应用科学大学通过与教育部签订《绩效协议》，确定自身发展的目标和指标，各个学校制定各自的质量保障和评估体系，教育部依据其完成指标的情况给予拨款。科研绩效指标之一是获得外部科研经费的规模，从此项指标对比来看，T校明显落后于X校。这一点在访谈中也得以印证。在T校访谈中，无论是从校领导到院系主任还是教师层面，都在反复强调"缺钱"和面临巨大的"资金压力"；而反观X校，不仅不缺资金，而且其校长多次表示"钱花不完"，并且从分管校领导到科研主任和科研经理，都强调在X校从事科研活动"很有成就感"。

负责教学的系主任也在访谈中对本校的科研赞不绝口。由于 X 校所在区域高等教育资源稀缺，X 校作为区域内唯一的高等教育机构，被赋予多重期待。为了满足区域各利益相关者的需求，X 校选择了"专业化"的科研发展路径，引进大量专业的科研人才，不仅在短时间内实现了科研力量的聚集，获得大量的外部经费，而且有效提升了学校的学术知名度和影响力。反观 T 校，由于所在区域内有两所研究型大学和众多专业研究机构，区域内对 T 校的科研需求并不强劲，因此 T 校选择了矩阵式科研组织模式，即由少部分有能力的教师抽出一部分时间从事科研活动，且大多是与研究型大学同行开展合作，以此带动并提升了学校整体的学术能力。需要指出的是，虽然两所学校科研发展模式不同、成效差异明显，但从时间维度来看，两所高校在各自区域内的学术影响力和知名度都得到了显著提升。由此可见，两所高校在科研发展中均实现了"有为而有位"，其关键原因在于高校在组织层面，能够对标区域需求和要求，积极发挥能动性，采取适当的科研组织模式和发展路径。

第二节　多视角下组织创新的互动机制

一　科研发展：作为后发高等教育的组织创新实践

在知识经济时代，应用科学大学逐步发展成欧洲国家的区域发展的重要力量。部分欧洲应用科学大学已从教学型大学转变为教学、科研并行的后发高等教育机构。在创新驱动发展的区域环境下，应用科学大学为何要发展科研功能？在发展过程中，此类高校采取了哪些科研组织模式？这些新的科研组织模式如何在应用科学大学内部稳定下来？这些都是值得关注的理论问题。本书以芬兰两所应用科学大学在过去 20 余年的科研发展为例，基于文献综述和资料分析，得出以下主要结论。

第一，芬兰应用科学大学科研功能的确立是组织寻求和维系合法性的结果，受到了多重合法性的共同作用。

芬兰应用科学大学科研功能确立的逻辑起点是与研究型大学"平等而不同"的法律地位，以及作为国家创新系统的主要行动者为"区域经济发展"服务的价值定位。

芬兰政府和教育部为其科研功能的确立提供了管制合法性。欧盟、区域办公室、芬兰政府相关部委、芬兰科学院等提出了技术规范和经费保障，为其带来了规范合法性。企业界和学术界为应用科学大学带来了认知合法性。

芬兰应用科学大学科研功能的确立经历了不同阶段。在各个阶段，科研功能合法性基础的优先顺序不同。管制合法性是芬兰应用科学大学科研功能确立的基础；获得规范合法性是其科研功能确立的标志。科研功能确立过程是高校在维持管制合法性的基础上，追求规范合法性以及认知合法性的过程。

第二，芬兰应用科学大学科研组织模式的形成与外部环境特征及其变化相关，外部环境的复杂程度和稳定程度影响了应用科学大学的科研组织结构。

（1）外部环境的特征影响应用科学大学对科研组织结构的选择。在需求探索阶段，国家立法和政策没有提出对应用科学大学发展科研的要求，高校科研组织形式是基于外部需求的松散模式；在规划形成阶段，由于外部法律和政策的变化，两所高校的科研组织均采取了机械模式；在调整及制度化阶段，为了回应新的拨款政策带来的压力，两所高校采取了灵活、易于行动的有机模式，分别是教学与科研结合的矩阵模式以及教学与科研分离的模式。可见，随着环境复杂化，芬兰应用科学大学的科研组织逐步从机械组织向着有机组织的方向转化。

（2）在同一发展阶段，由于环境稳定程度和区域需求的差异，不同应用科学大学的科研组织模式也呈现出较大的差异。当区域内存在其他高等教育机构或研究机构时，区域对应用科学大学的科研需求相对较弱，在不影响学校整体组织架构和教学质量的前提下，应用科学大学倾向于选择教学与科研结合的矩阵模式。当区域内不存在其他学术机构时，应用科学大学作为区域内唯一的高校，必须承载来自各相关方的多元期待和需求。应用科学大学会对内部组织结构进行细分，成立多部门、独立的科研组织机构，以回应复杂的环境和满足多元环境的需求，形成教学与科研分离的科研组织模式。简言之，当外部环境的需求不强劲、政策比较稳定时，应用科学大学倾向于选择科研与教学整合的模式；在外部环境动荡、需求多元的条件下，应用科学大学倾向于选择教学与科研分离的模式。

第三，应用科学大学科研组织创新的制度化取决于创新的兼容性和收益性以及组织能动性。收益性和兼容性通过影响高校内部制度企业家的能动性来发挥作用，促成了科研组织创新的制度化。

（1）应用科学大学科研功能的制度化过程中，主要影响要素在各个发展阶段发挥了不同的作用。在需求探索阶段，两所学校科研发展主要受外部兼容性的影响。在规划形成阶段，外部兼容性和组织能动性同时影响制度化过程。在调整及制度化阶段，制度化的主要影响要素是外部兼容性和组织的能动性。

（2）基于对科研创新收益性和兼容性的考量，制度企业家积极发挥能动性，促成了应用科学大学科研组织创新的制度化。制度企业家包括应用科学大学校长或分管科研的副校长、科研处长、科研主任、科研经理、核心领域主任或首席讲师等一批"组织精英"。这些制度企业家在科研制度化的不同阶段，通过合作建立的社会网络关系，对院校的科研资源共享、项目渠道拓展和经费扩张，发挥了明显的促进作用。

二 后发高等教育组织创新机制

作为后发的非研究型高等教育组织，欧洲应用科学大学的科研功能发展以往被斥为"学术漂移"或"研究漂移"，属于对组织使命的背离，会导致组织效率降低和无效的制度同型（Andriessen et al，2017；Kyvik，2007；Kyvik et al. ，2010；Lepori，2008；Maassen et al. ，2012）。有学者在特定国家背景下，分析了应用科学大学的"第三使命"——作为非研究型大学在国家创新系统和地方创新体系中的作用（Lyytinen，2011；Andriessen et al. ，2017）。应用科学大学发展科研功能到底是在制度同型压力下的"学术漂移"，还是为了实现国家赋予的"第三使命"？值得注意的是，这两种对立的观点均强调环境对组织的压力，将高校视为适应性组织，被动地对环境做出适应。上述看法忽视了在组织—环境互动中，高校可以发挥能动性实现组织功能的创新，积极应对外部环境变化，通过组织的持续创新提升组织本身的合法性。

有鉴于此，本书将科研功能在应用科学大学的确立、发展和制度化视为后发高等教育机构的组织创新过程，并从组织创新的视角梳理了此类高校的科研发展历程。分析表明，两所案例学校科研功能的发展均经历了需求探索、规划形成和调整及制度化过程三个阶段。这一组织创新的实现过程是案例学校的关键主体（管理层或个人）基于创新收益性和兼容性的综合考量，根据环境要求及特点来主动发挥能动作用，通过调整组织结构以不断适应外部环境的要求（外部兼容性），从而维持或获得组织存在的多重合法性基础（见图6-1）。

在组织创新过程中，能动性的发挥主要体现在应用科学大学科研功能的规划形成、调整及制度化两个阶段。

首先，在规划形成阶段，案例学校已经获得了由法律所赋予的管制合法性。为了满足法律所提出的管制合法性要求，两所高校的管理层都积极发挥组织能动性，引进了专职的管理和科研人才、设立了校

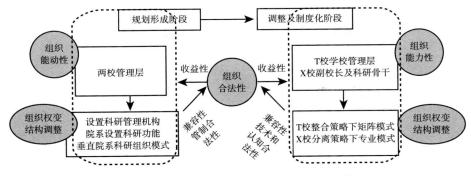

图 6-1　科研发展过程中的组织能动性

级科研管理机构、为院系增加了科研功能。此时，高校科研发展的外部环境组成相对简单，因而两所高校均采用了垂直的院系科研组织模式，即相对机械的组织模式。这一模式的特点是"松散耦合"，即在外在组织形式上，象征性地满足法律的需求，以实现组织与制度环境的外部兼容，提升了组织的管制合法性。但在实质上，无论是管理层还是教师，都没有将科研作为其主要任务。

其次，在调整及制度化阶段，两所案例学校的能动性主要表现在通过积极措施来提升与外部环境的兼容性，获得了规范合法性和认知合法性。在这一阶段，T 校与 X 校发挥能动性的关键成员，即制度企业家略有不同。T 校的管理层以科研处处长为代表，X 校的管理层以分管科研的副校长以及个别科研骨干为代表。这一时期学校科研发展所处的外部环境日益复杂。首先是国家拨款政策的变化，其次是竞争性项目的出现。各类竞争性项目的设立，使得区域政府、企业、各部委以及欧盟成为应用科学大学科研发展的直接利益相关者，它们的项目评估标准及认可成为应用科学大学规范合法性与认知合法性的直接来源。为了满足各方利益相关者的需求以提升组织的外部兼容性，两所高校的制度企业家都采取了积极的改革措施，建成了有效的科研组织形式。T 校采取了科研与教学融合的策略，要求教师同时担负教学和科研工作。X 校采取了教学科研分离策略，将教学和科研队伍相对分离，让专业的人干专业的事情。由于外部环境组成复杂、不确定性增加，两所高校采取了相对灵活的"有机组织"形式。

概而言之，通过对两所案例学校科研功能制度化过程的分析，本书揭示了组织创新制度化过程中组织能动性、组织合法性和组织权变行动之间的互动机制。在这一机制中，发挥主导作用的是组织能动性。有鉴于此，本书提出后发高等教育组织创新与各个组织要素互动机制如图 6-2 所示。

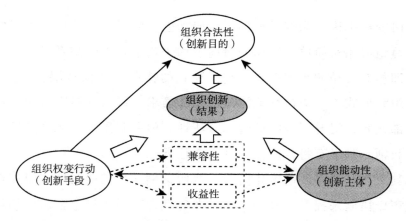

图 6-2　后发高等教育组织创新与各个组织要素互动机制

首先，组织在创新过程中要获得所处环境中不同利益相关者的承认和认可，利益相关者的构成及其规范内容的变化会改变组织所处环境的特征，从而导致组织结构的变化。组织在满足环境的需求和要求后，才可获得多重合法性。组织的合法性来源于组织内部和外部利益相关者的动态评价。当利益相关者（如国家、区域、市场和学术界）的构成或者它们对组织实施的规范内容（如法律法规和政策、规则与标准等）发生变化时，就有可能提升组织面临环境的复杂性、降低环境的稳定性，从而改变环境的特征，并导致组织结构的变化。

其次，在动态变化的环境中，组织并不是被动地适应环境，而是会根据环境的状态和性质，通过改变自身的行为和结构去积极应对环境。此时，组织可以采取权变行动来获得环境中利益相关者对组织创新的支持，提升创新带来的组织收益和个人收益、提升创新与组织内部和外部的兼容性，从而获得或维持组织合法性。

最后，组织创新的实现和制度化依赖于组织中的关键成员（如制度企业家）的能动性。他们基于对创新为组织成员和集体带来的收益性以及创新与组织兼容性的认识，发挥个人或机构的能动性，通过不断调整自身的结构与行为，克服创新过程中的障碍，提升创新与外部环境的兼容性和创新本身的收益性。外部兼容性调整的对象是环境中利益相关者对组织施加的规范要求（如法律法规和政策、规则与标准等），因此外部兼容性的提升意味着组织能持续满足环境对规范合法性和认知合法性的要求，从而得以维系组织及其创新的合法性，使得组织创新成为被广为接受的社会现实。

第七章　他山之石　何以攻玉

第一节　中国应用技术大学建设讨论

一　政策背景

国家和区域发展的重要任务之一是加快形成创新驱动发展的新格局，使创新成为引领国家和区域发展的第一动力。在新发展格局下，高技术技能人才是创新发展的关键人力资本支撑力量。应用技术大学作为科技创新的生力军（阎晓辉，2015），肩负着为区域创新以及技术和产业结构转型升级提供技能人才储备和知识积累的历史使命，将在新发展格局中发挥重要作用（魏静，2017）。

建设应用技术大学是中国经济社会发展的现实需求，中国在建设过程中借鉴了域外尤其是欧洲高等教育发展的经验（胡天佑，2014；刘海峰等，2015；马陆亭，2014）。中国应用技术大学①是"由中国高等教育自身发展中的困境所产生的内生动力以及中国产业结构升级转型与社会转型对高等教育发展所产生的外驱动力所共同作用催生出

---

① 2013 年 10 月，中国教育科学研究院课题组在"欧洲应用技术大学国别研究报告"中，将 UNIVERSITY OF APPLIED SCIENCES 翻译为应用技术大学。这也是我国正在建设的应用技术大学名称的最初来源。因此，本章沿袭这一译法，将中国正在建设的应用型高校统称为"应用技术大学"，以区别于欧洲应用科学大学。

来的"（董立平，2014）。同时，应用技术大学的发展受到自上而下的政策驱动。2014 年 6 月，国务院印发《关于加快发展现代职业教育的决定》，提出引导一批普通本科高校向应用技术高校转型，并明确转型地方院校"重点举办本科职业教育"。2015 年 10 月，教育部、财政部和国家发改委颁布的《关于引导部分地方普通本科高校向应用型转变的指导意见》明确提出，建设一批服务产业转型升级和先进技术转移应用特色鲜明的应用技术大学。2016 年，教育部、国家发改委通过有选择的重点资助政策，推动应用型高校发展。2019 年 1月国务院印发的《国家职业教育改革实施方案》提出，推动具备条件的普通本科高校向应用型转变，鼓励有条件的普通高校开办应用技术类型专业或课程。一系列国家政策的颁布昭示了应用技术大学建设的重要性和必要性。

中国应用技术大学建设的主体是新建的地方本科院校。这些院校大多是 1999 年以来由高职、高专院校合并、重组升格建立的地方本科院校，普遍特点是学术和科研基础薄弱、人才培养应用导向性不强、服务地方（区域）和产业的能力不足，这显然不符合应用技术大学的建设定位（王维坤等，2014；董立平，2014；孙诚，2014）。有研究指出，首先，地方本科院校转型为应用技术大学要实现人才培养模式的变革，以向应用型转变来培养区域产业需要的高水平技术技能人才（郭建如等，2017a，2017b，2018；吴红斌等，2018）。其次，应用技术大学必须重视并发展应用型科研，与区域内其他行动者合作，通过知识溢出效应实现区域创新驱动发展（刘海峰等，2015；井美莹等，2016；郭建如，2017）。

作为学术技术薄弱、人才培养应用导向不足的高等院校，应用技术大学发展应用型科研功能、成为区域创新发展的合格参与者、为产业转型发展和区域创新提供应用型知识是本书的现实观照。

他山之石，何以攻玉？经过 n+年的发展，芬兰应用科学大学的应用型科研功能基本得到了普及，并实现了科研组织机构的制度化。芬兰应用科学大学从最初的纯教学型高校发展为教学与科研齐头并进的高校。在此过程中，在国家层面、区域层面及学校层面，哪些要素可以为中国应用技术大学建设所借鉴？本书对芬兰两所应用科学大学科研发展的实践进行剖析，分析其应用型科研功能的确立原因、发展过程以及影响要素，对中国类似院校的发展提供了借鉴。

二 中国应用技术大学的高等教育属性

在高等教育研究领域，中国学者从多个维度探讨了应用技术大学的属性。例如，刘文华等（2014）认为应用技术大学在当前中国教育实践中尚属新生事物，要阐释其教育属性问题，需从其产生的背景和动因分析。应用技术大学是社会经济发展、科技进步与教育系统自身发展的产物，因而具有职业教育与高等教育双重属性。其高等教育属性在于人才培养、科学研究、校企合作三个方面。胡天佑（2014）认为，应用技术大学作为一种高等教育机构，具有"高等教育属性"。建设应用技术大学，需要明确政府责任、鼓励企业参与、建设高水平教师队伍、促进学生层面的转型等。

马陆亭（2014）认为，地方本科院校向应用技术大学的转型，既是高等教育和职业技术教育发展的需要，更是国家社会转型和经济结构调整的要求，认为市场需求和科技进步是推动高等教育变化的诱因，文化传统和治理模式影响了变化的走势。应用型高校的发展最具活力，不仅丰富了高等教育的模式和内涵，更改变了社会。中国地方本科院校转型面对来自发展理念、高校现实和对现代职业教育体系架构认识方面的挑战。童夏雨（2016）认为，应用技术大学是高等教育和职业教育的统一体，其功能是服务区域社会经济的发展需求，追求知识的实际应用和培养应用型人才，办学模式强调校企合作和产教融合，师资队伍是具有专兼结合特征的二元化"双师型"，组织文化特征是注重实效和追求知识技能的实际应用。

王莹等（2016）认为，应用技术大学的定位可以借鉴帕森斯结构功能主义理论中的 AGIL（A 是适应功能，由市场执行；G 指目标达成功能，由政府执行；I 是整合功能，由技术共同体执行；L 是潜在模式维持功能，由技术文化执行）模型进行分析。郭建如（2018）认为地方性是应用型本科高校的基本属性，这一属性规制着应用型本科高校的服务范围、发展目标和发展路径乃至组织特征。在界定应用型本科高校的一流的内涵以及评估时应特别突出这一特性，避免简单套用双一流指标衡量应用型高校，还应逐步建立符合应用型高校使命与特点的评价标准。

三　中国应用技术大学建设路径探析

通过规范性分析和国际比较，有研究探索了多种中国应用技术大学建设的可行路径。例如，董立平（2014）提出，以高质量的应用技术型人才培养和应用技术研究服务地方，既是应用技术大学的本质属性、社会职责，更是其科学发展路径。中国应用技术大学应该按照其本质属性要求，根据高校所处的区域社会经济发展的战略需求以及自身的办学传统、办学优势与办学特色，进行科学定位。要优化并构建回应地方产业结构需求的学科专业结构，构建以专业技术能力体系为核心的课程体系和课程质量标准体系，加强实践教学的实效性，加强双师型队伍建设，建立政产学研用良性互动机制。

孟庆国（2014）认为当前中国高等教育正在进行分类改革，应用技术大学是重要的改革方向。借鉴德国等欧洲国家的经验以及国内实践，中国应用技术大学发展应在办学定位、培养目标、入学条件、专业设置、课程体系、师资队伍、校企合作、实践教学 8 个方面加强特色建设，努力培养适应各行各业发展需要的高级技术人才。牟延林（2015）认为，建设中国特色的应用技术大学体系是国家的导向，已逐渐成为深化教育领域综合改革和优化高等教育结构的重要内容。应用技术大学发展面临价值目标"迷失"、价值导向"趋利"、价值保障"松散"三大问题。解决应用技术大学本源问题应重塑应用技术大学的中国价值，即受教育者价值、教育者价值、教育的延伸价值、国家价值和社会主义核心价值，进而从学校规模核定、高校结构优化、转型发展认证、产教融合、依法治教等方面，重构应用技术大学中国价值的新常态保障途径。

从办学定位的角度，地方本科院校转型为应用技术大学是高等教育结构调整的必然趋势。新建地方本科院校作为特殊的弱势群体在建设应用技术大学的转型中面临的典型问题和现实困境有：办学目标定位模糊；专业设置趋同、特色不鲜明，新旧专业矛盾及专业设置求全，与地方经济发展需求脱节；与企业（行业）对接和合作方面仍处于被动和尴尬境地；教师缺乏实践能力，集体转型处于自发状态；应用型人才的顶层设计与执行间存在落差等。中国应用技术大学是一种新型大学，需要在办学定位、专业建设、教学模式、人才培养模式、师资队伍建设、管理模式等方面建设配套条件。加快地方高校的应用技术大学建设应该更加明确人才培养目标定位、专业建设突出地方性和应用性、建设"双师双能型"师资队伍、校企合作建立实践教学机制。

从知识生产分工的视角，地方转型高校除了将自身定位于区域创新体系的关键角色，还应该从全球知识经济背景下知识生产模式的转变与高校自身再生产的角度来考察。地方大学转型为应用技术大学的核心是人才培养模式的改革，突破点是校企合作和坚强的驾驭核心的建立。重视发展应用型科研是校企合作和应用人才培养的核心点。

从高等教育体系多元化的角度，徐延宇等（2020）认为应用技术大学是中国高等教育改革发展的产物，作为高等教育中的新类型，其建设需要创新引领，要重视对应用技术大学与社会、政府和市场关系的认识。滇西应用技术大学在学校建设中进行了创新探索，积累了实践经验，同时需要从三个方面进行反思：探索理念创新的实践落地机制、协调与整合办学新要素、积极争取创新建设的外部条件。刘海峰等（2015）认为中国新建本科院校是转型发展为应用技术大学的主体，但目前的科研水平与应用技术型高校的整体要求相差甚远，既无法满足教师专业发展、课堂教学、实践教学、毕业设计指导的基本要求，也无法满足校企合作育人、服务地方产业经济社会发展的基本要求。为提高应用技术型人才培养质量，新建本科院校应树立应用性科研导向，加大科研投入力度，逐步实现科研观念、科研导向、科研制度、科研管理、科研评价的转型。

基于创新研究视角，魏静（2017）认为中国应用技术大学将在国家创新领域内发挥更加积极重要的作用。科研创新作为应用技术大学履行区域知识供给者使命的重要途径，其转型与变革是实现应用型发展的一项重要内容。与应用技术大学科研创新关系最为紧密的 12 项主题是地域差异、领导力、官僚主义、科研创新与教学、学术漂移、激励体系、关系、性别、职业瓶颈、学术公平、创新文化和创业型大学，这些因素塑造了应用技术大学科技创新的现状和特点。现阶段应用技术大学科研创新存在定位偏差、创新文化功利性强以及应用科研创新能力普遍偏差的现状，这使得应用技术大学科研创新出现了严重的学术漂移现象，与区域产业脱节，也与教学和人才培养脱节，背离了应用技术大学的办学定位与初衷。因此，应建立专属于应用技术大学的科研创新评价体系、奖励政策以及职称晋升体系。

第二节　域外实践对中国的启示

一　欧洲应用科学大学发展实践对中国的启示

大量的国际比较考察了欧洲应用科学大学的发展路径。例如，孙诚（2014）在对欧洲发展应用科学大学背景和现状进行分析的基础上，总结出欧洲应用科学大学的特色和经验：办学定位明确，服务区域经济发展；层次以本科、硕士为主，重视"立交桥"建设；立足聘任与培训，重视教师队伍建设；注重理论实践结合，培养解决问题的能力；拓展研究功能，开展应用性研究。陶东梅等（2015）通过对欧洲应用科学大学发展历程和驱动力的探讨，揭示出其在高教体系定位的多样化形态及动力机制，如以意大利为代表的"大学主导制"模式，以奥地利为代表的"双轨制"模式，以德国、荷兰、芬兰等为代表的"二元制"模式，以英国和西班牙为代表的"联合制"模式，提出中国应重构"学术型—专业应用型—职业技术型"三元交叉的高校分类体系。

不少国别研究介绍了不同国家的实践。孙进（2011）认为德国应用科学大学的办学特色体现在两个层面。一是类型层面。相比于研究型大学，应用科学大学作为一种新型的高等教育机构，特色明显，即教学突出实践，科研注重应用以及强调跨学科办学。二是院校特色明显。由于各个学校发展历史和传统、所在地区特殊的经济产业结构以及特定的特色化发展策略等不同，应用科学大学形成了各自的院校特色，如小而精、多样性、独特性和国际性。李建忠（2014）对芬兰应用科学大学建立动因和办学特色进行了分析，认为芬兰创办应用科学大学既是服务产业调整升级和国家创新驱动战略的必然产物，也是完善教育体系结构的客观要求。应用科学大学为提升芬兰国家竞争力做出了贡献。其办学特色主要体现在以社会需求为导向专业课程设置、开展研发创新活动服务区域发展等6个方面。

少数研究深入考察了欧洲应用科学大学科研的属性和定位。井美莹等（2016）利用国际比较视角，通过知识生产模式、司托克斯象限等概念，将欧洲应用科学大学科研分类进行了归纳和概括。文章指出欧洲应用科学大学的科研属于应用激发的基础研究或纯应用研究。

其科研定位与其研究类型相关，采用"研究连续体"模式的大学重视满足知识经济和区域创新的需要，采用"应用研究及开发"模式的高校关注区域创新和支持中小型企业的发展，采用"实践性研究"模式的大学既重视中小企业的发展，也重视培养学生的实践能力。应用科学大学在科研组织、质量评价和经费支持方面的制度设计与其科研定位一致。

通过以上文献梳理可以清晰看出，有关中国应用技术大学建设动议是基于中国社会经济发展对高等教育发展的现实需求并借鉴欧洲高等教育的实践经验提炼出来的。应用技术大学建设的理论来源是欧洲应用科学大学的高等教育实践（胡天佑，2014；马陆亭，2014）。

二　芬兰应用科学大学发展的启示

本书通过对芬兰两所应用科学大学科研发展的分析，揭示芬兰应用科学大学作为后发的高等教育组织如何通过发挥组织能动性，积极寻求并创造发展空间，实现组织创新。

首先，本书通过对芬兰两所地处不同区域的应用科学大学的科研发展的动因、发展历程以及高校内部制度化过程的分析，揭示出应用科学大学与其所在区域的地方政府、企业、其他高校和研究机构之间复杂的关系，以及高校管理层如何结合学校内部禀赋、利用这些关系来形塑适合本校和本地区的科研发展模式。本书基于组织理论构建的分析框架，对分析中国处于不同区域、不同发展阶段的应用型高校的科研发展具有一定的借鉴意义。一方面，本书提出的组织创新的"兼容性—收益性—能动性"三角形框架，有助于分析中国应用型高校科研发展所面临的挑战以及潜在的应对方式。另一方面，本书对组织和个体制度企业家特征和行动的分析，有助于识别出中国应用型高校科研发展中的制度企业家，并协助他们实现科研组织创新的制度化。

其次，本书对中国应用技术大学未来发展定位有一定参考价值。中国高校转型发展为应用技术大学的过程中，普遍定位模糊，在学术型和职业型之间摇摆，认为转型为职业型是一种"矮化"或"后退"（郭建如等，2017）。本书通过对芬兰应用科学大学科研功能组织化和制度化过程的分析，比较清晰地揭示了应用科学大学的高等教育属性，同时展示了应用科学大学如何通过提升科研能力来提高其在社会上的认可度，奠定其在国家及区域创新中区别于研究型大学的独特地位。本书明确指出，应用科学大学发展科研不是一种学术漂移或研究漂移，而是发挥组织能动性积极追求组织合法性的创新性实践，是实现高等教育"第三使命"的具体途径。在芬兰等欧洲国家，应用科学大学是区域知识经济发展的"研究—发展—创新"（RDI）基础，是以创新驱动地区发展的主要动力源，业已成为与研究型大学"平等而不同"的后发高等教育机构。本书剖析了典型的芬兰应用科学大学科研功能发展的全过程，其发展经验肯定了应用型高校的发展潜力，指出了此类高校以"研究—发展—创新"为科研发展目标。有鉴于国内学界缺乏对域外应用科学大学科研发展历程的案例研究，本书提供了丰富的关于芬兰应用科学大学科研发展的一手资料和可资借鉴的优秀实践。

本书将芬兰应用科学大学作为研究对象，并非将其奉为成功典范进行模仿，而是以学术的态度和理性的视角，对其科研发展历程进行客观透视分析，以期为中国应用技术大学科研的发展带来启示。中芬两国国情迥异，高等教育也处于不同发展阶段，但从高等教育组织的属性及发展逻辑来看，两国的应用科学大学具有一定共性。因此，基于芬兰实践，对中国应用技术大学科研发展提出如下建议。

一是在国家层面，通过颁布法律或政策，进一步明晰和强化应用技术大学的高等教育属性，为应用技术大学的科研发展提供制度保障。中国目前建设的应用技术大学属于域外舶来品，由于英语翻译问题，应用技术大学的"职业导向院校"（career-oriented institution）被普遍等同于"高等职业院校"（higher vocational institution），这使得社会大众将应用技术大学误解为职业院校，认为转型为应用技术大学意味着要"倒退"到职业高校行列。这显然"弱化"了应用技术大学的高等教育属性。芬兰实践表明，应用科学大学虽然由职业学校演变而来，带有职业教育基因，但它并不属于"职业教育"（vocational education）范畴。虽然学界对这一问题的理解已经很明晰，但因为缺乏政策法规的专门界定，中国应用技术大学在人才培养、科学研究以及社会服务等彰显其高等教育使命的功能定位方面，由于缺乏合法性基础而难以锚定。

二是在区域层面，通过建立校地信息互动机制，撬动校地协同潜力，共同助力地方和区域发展。中国应用技术大学大部分分布在地级市，隶属关系属于地方省厅。由于当地政府与高校之间没有建立信息互动机制，高校和地方之间常常出现"貌合神离"的局面——看似在一起，却对彼此不了解。地方和区域在遇到问题或制定发展规划时，常常因不了解地处本地或本区域高校的真正优势和实力，而将合作的目光投向区域外或省域外其他高校。高校也常常苦于没有合适的平台或机制，不能为地方和区域发展做出应有的贡献。芬兰实践中，区域政府和应用科学大学之间建立了常态互动机制，校领导作为区域发展规划小组的重要成员，为区域发展建言献策；应用科学大学中层管理人员包括主要领域的科研主任，与区域政府发展规划部门之间有畅通的沟通机制。

三是在组织层面，应用技术大学应对标区域发展需求和产业结构，积极发挥组织能动性，识别并聚焦本校发展核心领域，积极引进并培育合适的科研人才，提升自身的学术和科研社会认知度。截至2019年，中国有将近300所新建本科院校试点转型为应用技术大学。这些高校在办学定位上都标明了"应用型和地方性"，但大多数高校依旧属于"教学型"机构，学术基础普遍薄弱，教师多属于缺乏实践经验的学术型。因此，不仅在人才培养质量方面与产业所需的高层次技术技能的要求相去甚远，而且应用科研能力缺乏，服务地方的能力十分有限。有鉴于此，建议中国应用技术大学对标所处区域产业结构需求并结合高等教育布局，逐渐凝聚优势领域。通过人才引进和本土培养双管齐下，培育科研和学术发展中的制度企业家，引进一批既有丰富实践经验，又具备较强学术背景和研究能力的学术骨干，建立相对专业、高效的科研团队，采用灵活的柔性科研组织模式，以快速提升学校的学术和知识积聚，提升学校的学术水平和在社会上的认可度，获得更多的社会资源，以增强其服务社会和区域的能力。

结　语

　　本研究对于应用科学大学科研功能发展这一议题，采用双案例研究方法，聚焦单个学校案例，围绕科研功能的组织化和制度化过程，对芬兰应用科学大学科研发展过程进行了剖析，从而在组织层面对科研功能发展动因、组织形态以及制度化过程做了动态透视。

　　1. 本书采取了最大差异化抽样方法进行研究

　　本书选取来自差异较大地区、科研发展规模和模式迥异、科研绩效差异较大的两所应用科学大学作为案例。通过对同一学校不同时期的对比和不同学校同一时期的对比，揭示出案例内部和案例之间的差异。基于最大差异化抽样的双案例分析提升了本书的典型性，在一定程度上提升了研究价值。同时，本书在案例分析中引入时间和空间维度，丰富了对比的内容，并利用双案例证据对相关结论进行了三角互证，提升了研究结论的信度。

　　2. 本书的创新之处

　　既有研究未能从组织发展的角度将应用科学大学科研功能的发展视为一种组织实践的创新。本书将应用科学大学作为一种后发的高等教育组织，将其科研功能的发展视为组织发育和组织实践的创新与拓展，并通过合法性视角探讨了其科研功能发展的过程。此外，应用制度企业家理论和组织创新制度化相关概念，分析了组织如何动员内外部资源，促成了科研功能在院校内部的制度化。由此，从中观的组织变革维度对芬兰应用科学大学科研功能发展进行了分析。同时，研究将对高校科研功能组织变迁的分析从研究型大学拓展到非研究型高校，丰富了对大学科研组织变迁的分析对象范畴。

3. 本书尚有进一步提升空间

首先，研究内容和外部效度有待提升。本书重点分析了组织与环境互动中环境对组织实践行为的影响，尚未分析组织实践对环境的影响。同时，本书基于芬兰两所高校的案例，其结论在中国高等教育环境中的适用性有待进一步研究的检验。其次，研究资料有待丰富。一是访谈对象有待拓展。访谈对象尚未包括来自芬兰企业界和中央政府的代表。二是因语言所限，此次研究只涉及了中文和英文有关研究资料。最后，多理论的融合有待深化。本书运用组织理论的多个视角对案例进行了分析，由于笔者能力有限，在某些理论的运用上尚欠自如，需进一步反思与深化。

4. 本书未来有较大的拓展前景

首先，可以结合本书的讨论，进一步评估芬兰应用科学大学对区域发展的影响力，考察高校科研功能发展对环境的影响。其次，结合芬兰高等教育改革的最新动向，继续跟踪案例学校，讨论芬兰高校新一轮的合并对应用科学大学科研组织模式的影响。

附　录

附录一　访谈提纲

表 1　区域政府代表访谈提纲

访谈主题	访谈问题
区域与院校关系	您如何评价区域政府与 X 校的关系？
	您认为区域政府在高校科研发展中扮演什么样的角色？ 为其科研发展提供了什么样的资源？
	您谈谈区域政府对高校的科研经费资助类别及模式？
	作为区域政府，您对 X 校有什么样的期待？ 您的期待能否得到满足？
	您如何评价 X 校的科研对区域发展的贡献？
	在项目申请评估中，您是否对 X 校有倾向性？

表 2　校领导访谈提纲

访谈主题	访谈问题
个人与院校背景	请简单介绍您自己，包括您的教育背景、工作经历以及您在本校的角色和任务
	您认为分管科研的副校长应具备什么样的素质和能力？
	校领导的社会关系会对科研发展有影响吗？ 为什么？
对本校科研的认知	您是如何理解并界定应用科学大学的科研的？
	是什么因素驱动你们采取现在的科研模式？

续表

访谈主题	访谈问题
对本校科研的认知	您认为本校的模式可以被复制吗？
	科研目标是如何制定的？
	在学校内部，科研经费是如何分配的？
	科研处长有哪些职责？他们有权利支配经费吗？
	教学与科研关系如何？您认为教师们有能力从事科研吗？
	教育部施行新的拨款模式后，对学校的科研发展有什么影响？
对本校与外部机构关系的认知	您认为哪些外部机构对本校的科研发展至关重要？为什么？
	您认为学校在区域发展中扮演什么角色？
	学校与当地商业、企业的合作关系如何？

表 3　科研人员访谈提纲

访谈主题	访谈问题
个人与院校背景	请简单介绍您自己，包括您的教育背景、工作经历以及您在本校的角色和任务
	您为什么选择来这所学校工作？
	您本人为什么选择从事科研工作？
对本校科研的认知	您对本校科研的总体印象和评价怎样？
	为什么采取现在的科研发展模式？
	在目前模式下，每个层级的科研负责人是如何分工的？
	您认为两校合并对科研发展带来什么影响？
	学校的核心研究领域是如何确定的？
	学校科研发展的重要时间节点有哪些？为什么？
	外部科研经费主要有哪些渠道？为什么你们学校能获得外部科研资金？
	教育部施行新的拨款模式后，对你们的科研发展有什么影响？
	在学校内部，科研经费是如何分配的？
	科研处长有哪些职责？他们有权利支配经费吗？
	本校教学与科研关系如何？您如何看待教学与科研的关系？
	教师和学生参与科研的情况如何？
	作为科研管理人员，您遇到的最大困难和挑战是什么？

续表

访谈主题	访谈问题
对本校与外部机构关系的认知	您认为哪些外部机构对本校的科研发展至关重要？为什么？
	您认为学校在区域发展中扮演什么角色？
	学校与当地商业、企业、高校与科研机构的合作关系如何？
	您认为促使学校科研发展的动力是什么？

表 4　教师访谈提纲

访谈主题	访谈问题
个人与院校背景	请简单介绍您自己，包括您的教育背景、工作经历以及您在本校的角色和任务
	您为什么选择来这所学校工作？
	作为教学人员，您为什么选择/没选择从事科研？
对本校科研的认知	您对本校科研的总体印象和评价怎样？它与研究型大学科研有何区别？
	您认为学校为什么要发展科研？
	为什么采取现在的科研发展模式？
	您认为本校科研与教学的关系如何？

表 5　X 校董事会主席访谈提纲

访谈主题	访谈问题
对 X 校科研的评价	作为董事会主席，您对 X 校科研发展总体情况是否满意？
	您认为学校科研发展中是否有挑战？试解释原因
	您对学校科研未来发展有什么期待？为什么？
	你如何看待学校与研究型大学进行的战略合作？

表 6　对 X 校校长非正式访谈提纲

访谈主题	访谈问题
有关科研经费政策	2012 年经费改革出台背景及基本情况
	外部利益相关者与科研发展的关系
	X 校科研发展历史及外部经费分布情况
	教学与科研的关系问题
	科研队伍状况及激励机制

附录二　访谈对象编码及基本信息

案例院校	受访者编码	受访者基本信息
T 校(9 人) 时间：2017年 4 月 18日 至 5 月23 日	副校长 M	教授、法学博士，2015 年起分管 RDI，此前分管教育
	副校长 B	首席讲师，在该校工作 25 年，2015 年起分管行政及外联，负责开发及服务
	科研处处长 P	2003 年从芬兰国家技术研究中心（VTT）引进，任该校科研处处长至今
	学位项目主任 U	首席讲师，20 世纪 90 年代末来该校，2010 年起任生物工程专业主任
	工程学院院长 T-D	首席讲师，2013 年来该校，2015 年起任工业工程学院院长
	全球运营主任 T	在该校工作 25 年，2015 年起任现职
	科研经理 K	2000 年来该校，该校引进的首位专职研究人员
	高级讲师 T-SL	环境工程高级讲师，非正式交谈式访谈
	学生 T-S	食品专业，本科 2 年级，非正式交谈式访谈
X 校(10 人) 时间：2019年 1 月 21～25 日	区域政府代表 X-PG	区域行政长官，负责区域教科文卫及战略发展、负责 EU 区域经费的管理及使用
	校董会代表 X-CD	校董会主席，2008 年起任现职，与现任校长私人关系密切
	校长 X-P	校长兼首席执行官，2010 年起任现职，两校合并前，任 M 校校长（多次访谈）

案例院校	受访者编码	受访者基本信息
X 校（10人）时间：2019 年 1 月 21 日 ~ 25 日	副校长 X-VP	分管科研副校长（曾任科研处处长）；1999 年来该校；2014 年任现职
	科研主任 X-RD1-SW	博士、负责首席讲师、负责可持续社会福祉领域；2009 年来该校；此前在研究型大学工作 10 年
	科研主任 X-RD2-LS	博士、负责物流和海运领域；2017 年来该校；此前在市政府工作
	科研主任 X-RD3-DE	博士、负责数字经济领域；2014 年来该校；此前在研究型大学工作
	科研经理 X-RM1-ES	硕士、专业领域为环境安全；2000 年来该校
	科研经理 X-RM2-LAB	副博士、纸纤实验室（Fiber Lab）主任。2005 年来该校；2011 年任现职
	首席讲师 X-D	博士、首席讲师；商务系主任；非正式交谈及邮件采访

参考文献

中文文献

毕颖：《大学跨学科研究组织协同创新研究》，博士学位论文，大连理工大学，2015。

蔡瑜琢、阎凤桥：《中国大陆民办高等教育多样性与同型性问题研究》，《浙江树人大学学报》（人文社会科学版）2012年第2期。

蔡瑜琢：《从福利制度走向市场化——芬兰高等教育改革透视》，《比较教育研究》2012年第1期。

陈寒松、张文玺：《权变管理在管理理论中的地位及演进》，《山东社会科学》2010年第9期。

陈浩淼、刘宇陆、王瑛：《高水平应用技术大学建设的目标定位与路径选择》，《中国职业技术教育》2020年第3期。

陈怀超、范建红：《组织场域研究脉络梳理与未来展望》，《现代财经》（天津财经大学学报）2016年第2期。

陈平：《从教研室到PI团队：一个研究型理科学院基层学术组织变迁的制度逻辑》，博士学位论文，北京大学，2019。

陈平：《中国研究生院型大学创建的历史境遇与组织学阐释——以世界一流大学创建背景下的国科大为例》，《中国高教研究》2017年第12期。

陈涛等：《基于利益相关者视角的产学研协同创新研究》，《武汉科技大学学报》（社会科学版）2012 年第 3 期。

陈文联：《论利益相关者视角下民办高校筹资机制的构建》，《浙江树人大学学报》（人文社会科学版）2014 年第 3 期。

陈霞玲：《美国创业型大学组织变革路径研究》，《复旦教育论坛》2015 年第 5 期。

陈霞玲：《创业型大学组织变革路径研究》，北京理工大学出版社，2015。

陈向明：《质的研究方法与社会科学研究》，教育科学出版社，2000。

陈晓光：《利益相关者视角下研究型大学治理机制研究》，博士学位论文，大连理工大学，2016。

陈星：《应用型高校产教融合动力研究》，博士学位论文，西南大学，2017。

陈扬、许晓明、谭凌波：《组织制度理论中的"合法性"研究述评》，《华东经济管理》2012 年第 10 期。

程卓蕾：《高校绩效管理体系的研究与设计》，博士学位论文，中南大学，2011。

狄俊安：《应用技术型大学科研评价体系构建探讨》，《长春教育学院学报》2015 年第 20 期。

董立平：《地方高校转型发展与建设应用技术大学》，《教育研究》2014 年第 8 期。

费显政：《资源依赖学派之组织与环境关系理论评介》，《武汉大学学报》（哲学社会科学版）2005 年第 4 期。

付俊文、赵红：《利益相关者理论综述》，《首都经济贸易大学学报》2006 年第 2 期。

郭建如：《职业教育本科的相关争议探析——兼论高等教育双轨体系构建与职业教育本科的发展空间》，《职业技术教育》2020 年第

30 期。

郭建如、吴红斌：《地方本科院校转型对学生发展的影响及其机制分析——基于多层模型的分析》，《国家教育行政学院学报》2018年第 7 期。

郭建如、吴红斌：《地方本科院校转型对学生发展的影响路径分析》，《国家教育行政学院学报》2017 年第 11 期。

郭建如、吴红斌：《地方本科院校转型与人才培养模式变革》，《中国高教研究》2017 年第 11 期。

郭建如：《地方本科高校转型发展中的核心问题探析》，《黄河科技大学学报》2017 年第 1 期。

郭建如：《社会学组织分析中的新老制度主义与教育研究》，《北京大学教育评论》2008 年第 3 期。

郭建如：《组织转型理论与陕西万人民办高校转型的初步分析》，《民办教育研究》2007 年第 5 期。

郭建如：《一流应用型本科高校建设刍议》，《北京教育（高教）》2018 年第 10 期。

郭金林：《论网络经济时代的企业战略创新对组织结构变革的影响》，《长沙理工大学学报》（社会科学版）2005 年第 1 期。

郝永林：《权变理论视角下创业型大学战略规划——以沃里克大学2015 战略规划为例》，《北京理工大学学报》（社会科学版）2014 年第 1 期。

胡赤弼：《高等教育中的利益相关者分析》，《教育研究》2005 年第 3 期。

胡天佑：《建设"应用技术大学"的理论问题》，《职教论坛》2014年第 25 期。

胡子祥：《高校利益相关者治理模式初探》，《西南交通大学学报》（社会科学版）2007 年第 1 期。

胡祖光、张铭：《何谓"制度企业家"？ 谁会成为"制度企业

家"？——来自组织新制度主义的观点》，《社会科学战线》2010
年第 10 期。

金顶兵、闵维方：《论大学组织的分化与整合》，《高等教育研究》
2004 年第 1 期。

井美莹、杨钋：《芬兰应用技术大学科研功能发展的制度分析——以
坦佩雷某应用技术大学为例》，《国家教育行政学院学报》2018
年第 6 期。

井美莹、杨钋：《以应用研究指导地方本科院校科研的转型——来自
欧洲应用技术大学的经验和启示》，《教育学术月刊》2016 年第
10 期。

克拉克：《高等教育系统：学术组织的跨国研究》，杭州大学出版
社，1994。

克拉克：《高等教育新论》，浙江教育出版社，2001。

兰文巧、张爱邦：《伯顿·克拉克的高等教育系统整合观点解读——
兼论"大学，政府与市场"关系的冲突与调适》，《辽宁师范大
学学报》（社会科学版）2006 年第 1 期。

李超玲、钟洪：《基于问卷调查的大学利益相关者分类实证研究》，
《高教探索》2008 年第 3 期。

李福华：《利益相关者理论与大学管理体制创新》，《教育研究》2007
年第 7 期。

李建忠：《芬兰应用技术大学办学特色与经验》，《大学》（学术版）
2014 年第 2 期。

李政：《权变理论视角下高等职业院校组织结构设计的影响因素分
析》，《职教论坛》2015 年第 25 期。

梁巧转、张晶、孟瑶：《组织研究方法的回顾与评述》，《管理评论》
2012 年第 6 期。

林炊利：《核心利益相关者参与公办高校内部决策的研究》，博士学

位论文，华东师范大学，2013。

刘凡丰、沈兰芳：《美国州立大学科研组织模式变革》，《高等教育研究》2007 年第 5 期。

刘海峰、白玉、刘彦军：《我国应用技术大学建设与科研工作的转型》，《中国高教研究》2015 年第 7 期。

刘教民：《建设应用科技大学　培养和造就高技能人才》，《教育发展研究》2013 年第 17 期。

刘松博、龙静：《组织理论与设计》，中国人民大学出版社，2009。

刘文华、夏建国、易丽：《论应用技术大学的高等教育属性》，《中国高教研究》2014 年第 10 期。

刘晓：《利益相关者参与下的高等职业教育办学模式改革研究》，博士学位论文，华东师范大学，2012。

马陆亭：《应用技术大学建设的若干思考》，《中国高等教育》2014 年第 10 期。

孟猛猛、陶秋燕、朱彬海：《企业社会责任对组织合法性的影响——制度环境感知和法律制度效率的调节作用》，《经济与管理研究》2019 年第 3 期。

孟庆国：《应用技术大学办学现实性与特色分析》，《职业技术教育》2014 年第 10 期。

孟卫东：《战略管理：创建持续竞争优势》，科学出版社，2004。

牟延林：《思考应用技术大学的中国价值》，《中国高教研究》2015 年第 6 期。

潘海生、张宇：《利益相关者与现代大学治理结构的构建》，《教育评论》2007 年第 1 期。

尚航标、田国双、李卫宁：《组织社会学新制度主义与管理研究》，《东北农业大学学报》（社会科学版）2011 年第 1 期。

宋洁：《组织变迁的动力——基于组织场域的视角》，《中国物价》

2011 年第 12 期。

孙诚、杜云英：《欧洲应用科学大学的发展思路》，《中国高等教育》2014 年第 12 期。

孙诚：《欧洲发展应用技术大学的背景及特色》，《中国民族教育》2014 年第 12 期。

孙诚：《应用型本科高校转型发展成就、问题与对策》，《职教论坛》2019 年第 12 期。

孙进：《德国应用科学大学的办学特色型特色与院校特色分析》，《比较教育研究》2011 年第 10 期。

孙晋露、林杰：《基于权变理论的大学海外危机管理——以日本一桥大学为例》，《当代教育科学》2017 年第 11 期。

唐琳：《世界一流大学科研组织结构创新研究》，《北京教育（高教）》2017 年第 1 期。

陶东梅、杨东平：《应用技术大学的多样化：欧洲对中国的启示》，《江苏高教》2015 年第 6 期。

童夏雨：《应用技术大学的概念内涵、基本特征及建设路径》，《中国职业技术教育》2016 年第 12 期。

王连森、王秀成：《利益相关者视角下大学发展的境域转换》，《江苏高教》2006 年第 6 期。

王朋、杨雪：《欧洲应用科学大学第三使命制度的变迁逻辑——基于历史制度主义的分析》，《现代教育科学》2020 年第 2 期。

王思懿、赵文华：《迈向服务型行政：研究型大学科研管理机构组织变革——以密歇根大学和上海交通大学为例》，《中国高教研究》2017 年第 3 期。

王维坤、温涛：《应用技术大学：新建本科院校转型发展的现状、动因与路径》，《现代教育管理》2014 年第 7 期。

王新俊、姜峰：《芬兰应用技术大学的现状、问题及对策》，《世界教育信息》2016 年第 6 期。

王英杰：《在创新与传统之间——斯垣福大学的发展道路》，斯垣福
　　大学，2004。

王莹、夏建国：《论应用技术大学在社会系统中的定位——基于 AGIL
　　模型的分析》，《中国高教研究》2016 年第 5 期。

王莹：《应用技术大学定位研究》，博士学位论文，华东师范大
　　学，2016。

魏静：《中国应用技术大学科研创新研究》，博士学位论文，天津大
　　学，2017。

魏艳鹏、禹志明：《菲德勒模型内涵探析三部曲》，《现代经济信息》
　　2017 年第 11 期。

吴红斌、郭建如：《高等教育分层系统中的地方本科院校：困境、优
　　势与出路——基于全国本科学生调查数据的分析》，《中国高教
　　研究》2018 年第 2 期。

吴重涵、沈文钦：《组织合法性理论及其在教育研究领域的应用》，
　　《教育学术月刊》2010 年第 2 期。

夏霖、刘海峰、谭贞：《芬兰应用技术大学 RDI 科研范式及其启示》，
　　《高教探索》2019 年第 4 期。

解德渤：《科研观转变：应用技术大学发展的关键》，《高校教育管
　　理》2014 年第 6 期。

徐佳：《我国高校科研机构设立动机、功能缺陷及改进思路——基于
　　新制度主义理论分析》，《大学教育科学》2014 年第 5 期。

徐纯：《德国应用技术大学应用型科研发展研究》，《中国成人教育》
　　2015 年第 6 期。

徐延宇、杨丽宏：《应用技术大学建设创新研究——基于滇西应用技
　　术大学建设的案例分析》，《职业技术教育》2020 年第 25 期。

许洋洋：《权变理论对教育管理的启示》，《内蒙古教育》2016 年第

29 期。

阎凤桥：《大学组织与治理》，同心出版社，2006。

阎凤桥、闵维方：《从国家精英大学到世界一流大学：基于制度的视角》，《北京大学教育评论》2017 年第 1 期。

阎凤桥：《探索大学变革的理论：读〈大学变革的逻辑〉有感》，《复旦教育论坛》2011 年第 2 期。

阎凤桥：《中国大陆私立大学组织特征的环境因素分析》，《民办教育研究》2004 年第 1 期。

阎晓辉：《应用技术大学创新能力建设浅析》，《天中学刊》2015 年第 6 期。

燕山：《依赖与自主：异地校区办学模式演变的案例研究》，中国社会科学出版社，2020。

杨聪、孙宾宾：《德国应用科技大学的科研定位及对我国高职院校的启示》，《价值工程》2015 年第 2 期。

杨钋、井美莹、蔡瑜琢、阿鲁·李迪纳、赛博·霍达：《中国地方本科院校转型的国际经验比较与启示》，《国家教育行政学院学报》2015 年第 2 期。

杨钋、井美莹：《荷兰应用科技大学的发展经验及对我国的启示》，《高等教育评论》2015 年第 1 期。

湛正群、李非：《组织制度理论：研究的问题、观点与进展》，《现代管理科学》2006 年第 4 期。

张寒、蔡瑜琢：《大学技术转移组织机构的制度化及其演化》，《自然辩证法研究》2017 年第 2 期。

张俊超、吴洪富：《变革大学组织制度，改善教学与科研关系》，《中国地质大学学报》（社会科学版）2009 年第 5 期。

张凌：《适应与超越：异地合作办学的学科组织再生产个案研究》，北京大学，2020。

张茂聪：《权变理论视域下的高校学科结构调整与发展》，《当代教育科学》2016 年第 17 期。

张铭、胡祖光：《组织分析中的制度创业研究述评》，《外国经济与管理》2010 年第 2 期。

张兄武：《基于利益相关者理论的应用型创新人才培养模式研究》，《教育理论与实践》2011 年第 9 期。

张洋磊：《研究型大学科研组织模式危机与创新——知识生产模式转型视角的研究》，《科技进步与对策》2016 年第 11 期。

张应强：《高等教育创新与我国现代大学制度建设》，《深圳职业技术学院学报》2002 年第 3 期。

张永宏：《组织社会学的新制度主义学派》，上海人民出版社，2007。

张宇、连晓庆：《我国应用技术大学科研工作的开展及探讨》，《中国职业技术教育》2017 年第 9 期。

赵锋：《一流高职院校治理能力提升策略探析——基于权变理论视角》，《职业技术教育》2016 年第 16 期。

赵景倩：《芬兰应用技术大学研究》，硕士学位论文，河北大学，2017。

赵旭明：《民办高校治理研究》，博士学位论文，中共中央党校，2006。

褚宏启、贾继娥：《教育治理中的多元主体及其作用互补》，《教育发展研究》2014 年第 19 期。

钟洪、李超玲、朱学红：《基于 AHP 的大学利益相关者分类研究》，《复旦教育论坛》2007 年第 3 期。

钟昆明、马宇、曾诗岚、龙芝辉：《试论应用技术大学科研工作的基本问题》，《重庆高教研究》2015 年第 4 期。

周雪光：《组织社会学十讲》，社会科学文献出版社，2003。

朱赛敬：《利益相关者理论视域下的产学研合作教育研究——以工程

管理专业为例》，《福建工程学院学报》2018 年第 2 期。

朱智怡：《美国创业型大学科研组织的个案研究——从组织行为学的角度》，硕士学位论文，浙江师范大学，2013。

祝贺：《美国大学科研组织变迁中的政府因素及其影响路径》，《国家教育行政学院学报》2015 年第 7 期。

〔美〕罗伯特·K. 殷：《案例研究 设计与方法：第 4 版》，周海涛、李永贤、李虔译，重庆大学出版社，2010。

〔美〕马文·W. 彼得森：《高校组织理论和研究的新进展：分化还是整合?》，郭娇译，阎凤桥校，《北京大学教育评论》2003 年第 4 期。

〔美〕马文·彼得森：《大学和学院组织模型：历史演化的视角》，《北京大学教育评论》2007 年第 1 期。

〔美〕司托克斯：《基础科学与技术创新：巴斯德象限》，周春彦、谷春立译，科学出版社，1999。

〔美〕斯科特：《制度与组织——思想观念与物质利益》，姚伟、王黎芳译，中国人民大学出版社，2010。

〔英〕杰勒德·德兰迪：《知识社会中的大学》，黄建如译，北京大学出版社，2010。

英文文献

Aldrich, H., Fiol, C., "Fools Rush in? The Institutional Context of Industry Creation", *The Academy of Management Review* 19 (4), 1994.

Andriessen, D., Schuurmans, M., "The Role of Universities of Applied Sciences in Implementing the Dutch National Research Agenda", *The Dutch National Research Agenda in Perspective*: *A Reflection on*

Research and Science Policy in Practice（Amsterdam：Amsterdam University Press，2017）．

Baregheh，A.，Rowley，J.，Sambrook，S.，"Towards a Multidisciplinary Definition of Innovation"，*Management Decision* 47（8），2009．

Battilana，J.，"Agency and Institutions：The Enabling Role of Individuals' Social Position"，*Organization* 13（5），2006．

Battilana，J.，Leca，B.，Boxenbaum，E.，"How Actors Change Institutions：Towards a Theory of Institutional Entrepreneurship"，*The Academy of Management Annals* 3（1），2009．

Burgess，T.，*The Shape of Higher Education*（London：Cornmarket Press，1972）．

Burton，R. Clark，"The Entrepreneurial University：Demand and Response"，*Tertiary Education and Management* 4（1），1998．

Burns，T. G.，Stalker，M.，*The Management of Innovation*（Tavistock，London，1961）．

Cai，Y. et al.，"Seeking Solutions Though the Mirror of Finnish Experience：Policy Recommendations for Regional University Transformation in China"，*Journal of Higher Education Policy & Management* 37（4），2015．

Cai，Y.，"From an Analytical Framework for Understanding the Innovation Process in Higher Education to An Emerging Research Field of Innovations in Higher Education"，*Review of Higher Education* 40（4），2017．

Cai，Y.，Mehari，Y.，"The Use of Institutional Theory in Higher Education Research"，*Theory and Method in Higher Education Research*，2015．

Cai，Y.，Liu，C.，"The Roles of Universities in Fostering Knowledge-

Intensive Clusters in Chinese Regional Innovation Systems", *Science and Public Policy* 42 (1), 2015.

Cai, Y., Zhang, H., Pinheiro, R., "Institutionalization of Technology Transfer Organisations in Chinese Universities", *European Journal of Higher Education* 49 (3), 2016.

Child, J., "Organizational Structure, Environment and Performance: The Role of Strategic Choice", *Sociology* 6 (1), 1972.

Creswell, J. W., "Qualitative Inquiry and Research Design: Choosing Among Five Traditions", *Sage Publications*, 1998.

de Weert, E., Beerkens-Soo, M., *Research at Universities of Applied Sciences in Europe, Conditions, Achievements and Perspectives* (Europa: European Network for Universities of Applied Sciences, 2009).

Deephouse, D., Suchman, M., "Legitimacy in Organizational Institutionalism", 2008.

Delanty, G., "The University in the Knowledge Society", *Organization* 8 (2), 2001.

Di Maggio, P., Powell, W., "The Iron Cage Revisited: Institutional Isomorphism and Collective Rationality in Organizational Fields", *American Sociological Review* 48, 1983.

Di Maggio, P. J., "Interest and Agency in Institutional Theory", 1988.

Ferlie, E., Musselin, C., Andresani, G., "The Steering of Higher Education Systems: A Public Management Perspective", *Higher Education* 56, 2008.

Fligstein, N., "Social Skill and Institutional Theory", *American Behavioral Scientist* 40 (4), 1997.

Garud, R., Hardy, C., Maguire, S., "Institutional Entrepreneurship as

Embedded Agency: An Introduction to the Special Issue ",
*Organization Studies*28, 2007.

Gornitzka, Å. et al. , " 'Europe of Knowledge:' Search for a New
Pact", *University Dynamics and European Integration*19, 2007.

Greenwood, R. et al. , *The SAGE Handbook of Organizational Institutionalism.*
(Los Angeles, London: SAGE, 2008).

Griffioen, D. , de Jong, U. , "Academic Drift in Dutch Non-University
Higher Education Evaluated: A Staff Perspective ", *High Educ
Policy* 26, 2013.

Jongbloed, B. , Enders, J. , Salerno, C. , "Higher Education and Its
Communities: Interconnections, Interdependencies and a Research
Agenda", *Higher Education* 56 (3), 2008.

Kajaste, M. , "Quality Management of Research, Development and
Innovation Activities in Finnish Universities of Applied Sciences",
Quality in Higher Education 24 (3), 2018.

Kezar, A. , *How Colleges Change* (New York: Routledge, 2014).

Kotonen, U. , "Integrating RDI into Learning", *A Publication of Lahti
University of Applied Sciences Series C Articles*, 2013.

Krücken, G. , "Learning the 'New, New Thing': On the Role of Path
Dependency in University Structures ", *Higher Education* 46
(3), 2003.

Kyvik, S. , *Academic Drift—A Reinterpretation*, 2007.

Kyvik, S. , Lepori B. , *The Research Mission of Higher Education
Institutions Outside the University Sector* (Springer Dordrecht, 2010).

Larsen, I. M. , Langfeldt, L. , "Profiling Comprehensiveness? Strategy
Formulation and Effects of Strategic Programmes at Traditional
Universities", *Reform and Change in Higher Education*, 2005.

Lawrence, P. , Lorsch, J. , "Differentiation and Integration in Complex Organizations", *Administrative Science Quarterly* 12, 1967.

Lepori, B. , "Research in Non-university Higher Education Institutions? the Case of the Swiss Universities of Applied Sciences", *Higher Education* 56 (1), 2008.

Lepori, B. , Kyvik, S. , "The Research Mission of Universities of Applied Sciences and the Future Configuration of Higher Education Systems in Europe", *High Educ Policy* 23, 2010.

Levine, A. , *Why Innovation Fails. Albany* (NY: State University of New York Press, 1980) .

Luthans, F. , Stewart, T. I. , "A General Contingency Theory of Management", *Management Department Faculty Publications* 179, 1977.

Lyytinen, A. , *Finnish Polytechnics in the Regional Innovation System - Towards New Ways of Action* (Tampere University Press, 2011).

Ma, J. , Cai, Y. , "Innovations in an Institutionalised Higher Education System: The Role of Embedded Agency", *Higher Education* 82, 2021.

Maassen, P. et al. , "Evaluation of Research, Development and Innovation Activities of Finnish Universities of Applied Sciences", 2011.

Maassen, P. et al. , "From the Bottom-up: Evaluation of RDI Activities of Finnish Universities of Applied Sciences. " *Publications of the Finnish Higher Education Evaluation Council* 7, 2012.

Maguire, S. , Hardy, C. , Lawrence, T. B. , "Institutional Entrepreneurship in Emerging Fields: HIV/AIDS Treatment Advocacy in Canada", *Academy of Management Journal* 47 (5), 2017.

Mantere, P. , Lassila, H. , "Competences of Teachers in Research, Development and Innovation Work at the Universities of Applied

Sciences in Finland", *ICERI* 2018 *Proceedings*, 2018.

Marcus, A. A., Anderson, M. H., "Commitment to an Emerging Organizational Field: An Enactment Theory", *Business & Society* 52 (2), 2013.

Meyer, J., Rowan, B., "Institutionalized Organizations: Formal Structure as Myth and Ceremony", *American Journal of Sociology* 83 (2), 1977.

Miles, R. E. et al., "Organizational Strategy, Structure, and Process", *Academy of Management Review*, 1978.

Mutch, A., "Reflexivity and the Institutional Entrepreneur: A Historical Exploration", *Organization Studies*, 28, 2007.

Neave, G., "Academic Drift: Some Views from Europe", *Studies in Higher Education* 4, 1979.

OECD, Frascati Manual 2015: Guidelines for Collecting and Reporting Data on Research and Experimental Development, The Measurement of Scientific, Technological and Innovation Activities (Paris, OECD Publishing, 2015).

Ojasalo, K. et al., "New Approach and Tools for Systematic Integration of Higher Education with Research and Development Projects", *International Academy of Technology, Education and Development*, 2017.

Olsen, T. B., Kyvik, S., Hovdhaugen, E., "The Promotion to Full Professor – through Competition or by Individual Competence?", *Tertiary Education and Management* 11 (4), 2005.

Parry, G., "Mass Higher Education and the English: Wherein the Colleges", *Higher Education Quarterly* 57 (4), 2003.

Pfeffer, J., Salancik, G. R., "The External Control of Organizations: A Resource Dependence Perspective", *Social Science Electronic*

Publishing 23 （2）, 2003.

Pirinen, R. , "An Action Research Approach: The Actualisation of the Three Statutory Tasks: Education, Research and Development, and Regional Development", *International Journal of Innovation and Regional Development* 4, 2012.

Pratt, J. , *The Polytechnic Experiment 1965 – 1992* （London: The Society for Research into Higher Education, 1997）.

Rogers, E. M. , *Diffusion of Innovations* （New York, NY: Simon & Schuster, 2003）

Rosinger, K. O. et al. , "Organizational Segmentation and the Prestige Economy: Deprofessionalization in High- and Low-Resource Departments", *The Journal of Higher Education* 87 （1）, 2016.

Ruef, M. , Scott, W. , "A Multidimensional Model of Organizational Legitimacy: Hospital Survival in Changing Institutional Environments", *Administrative Science Quarterly* 43 （4）, 1998.

Salonen, A. O. , Savander-Ranne, C. , "Teachers' Shared Expertise at a Multidisciplinary University of Applied Sciences", *SAGE OPEN* 5 （3）, 2015.

Scott, W. R. , *Institutions and Organizations* （Institutions and organizations/. Sage Publications, 2001） .

Scott, W. R. , *Institutions and Organizations* （Thousand Oaks, CA: Sage, 1995） .

Scott, W. R. , *Institutions and Organizations: Ideas and Interests* （Sage Publications, Los Angeles, CA, 2008） .

Selznick, P. , "Institutionalism ' Old ' and ' New ' ", *Administrative Science Quarterly* 41 （2）, 1996.

Slaughter, S. , Rhoades, G. , *Academic Capitalism and the New*

Economy: *Markets*, *State*, *and Higher Education* (Baltimore, MD, London: Johns Hopkins University Press, 2004).

Stokes, D. E., *Pasteur's Quadrant*: *Basic Science and Technological Innovation* (Washington, DC: Brookings Institution Press, 1997).

Suchman, M., "Managing Legitimacy: Strategic and Institutional Approaches", *The Academy of Management Review* 20 (3), 1995.

Taylor, R., *Moving Beyond Empirical Theory* (Springer, New York, NY, 2010).

Teichler, U., "The Changing Roles of the University and Non-university Sectors of Higher Education in Europe", *European Review* 6 (4), 1998.

Välimaa, J., Neuvonen-Rauhala, M. L., "Polytechnics in Finnish Higher Education", *Higher Education Dynamics* 23, 2008.

Välimaa, J., Neuvonen-Rauhala, M. L., "We Are a Training and Development Organisation'—Research and Development in Finnish Polytechnics", *Research Mission of Higher Education Institutions outside the University Sector*: *Striving for Differentiation*, 2010.

van de Ven, A. H., "Central Problems in the Management of Innovation", *Management Science* 32 (5), 1986.

Vuokko Kohtamäki, "Does Structural Development Matter? The Third Mission Through Teaching and R&D at Finnish Universities of Applied Sciences", *European Journal of Higher Education* 5 (3), 2015.

Woodward, J., *Industrial Organization Theory and Practice* (Great Britain: Oxford University Press, 1965).

Yin, R. K., *Applications of Case Study Research* (Sage Publications, 2003).

Yin, R. K., "Research", *Organization Studies*, 7 (1), 1986.

后 记

曾经有朋友问我，为什么要费时费力出版这本书？我的回答很简单。

一 为了回应坚持不懈的现实关切

我的博士论文关注的话题是有关芬兰应用科学大学的发展问题。为什么对此话题关注？缘起于 2014 年。当年 6 月，国务院印发《关于加快发展现代职业教育的决定》，提出引导一批普通本科高校向应用技术高校转型，同年印发的《现代职业教育体系建设规划（2014—2020 年）》，明确到 2020 年形成具有中国特色、世界水平的现代职业教育体系。

当时，作为国家教育行政学院涉外培训部副主任，我负责组织实施"千名中西部大学校长海外培训项目"。在项目执行过程中，我了解到部分中西部地方大学转型为应用技术大学普遍面临政策和实践困境，这引发了我极大的关切和思考，使我对"应用技术大学"这种起源于欧洲、与传统大学"平等而不同"的高等教育组织产生了浓厚的兴趣。这类高等教育组织在欧洲是如何生长和发展起来的？它们在发展过程中，是不是会遇到与中国地方转型高校类似的困境和问题？2017 年，受留学基金委"国际区域问题研究与高层次外语人才项目"的支持，我赴芬兰坦佩雷大学进行为期三个月的研修。其间，我有机会对坦佩雷应用科学大学进行深入调研。这所高校也成了我研究的第一个案例学校。之后，我又选取了东南芬兰应用科学大学作为第二个案例学校。这就是我博士论文研究的原动力——试图通过学术研究解决实践中的"真问题"。

2019年，国务院出台《国家职业教育改革实施方案》，提出职业教育与普通教育是两种不同教育类型，具有同等重要地位。2022年，新《职业教育法》正式实施，以立法形式保障了职业教育作为一种教育类型，与普通教育具有同等重要地位。这些都引发我的思考：中国在建设现代职业教育体系过程中，如何更好推进"职普融通"，如何保障职普教育"同等重要"？

作为与芬兰传统大学"平等而不同"的高等教育系统，芬兰应用科学大学已经历了近30年的发展历程。我的研究以两所案例学校科研发展历程为透镜、近距离审视芬兰应用科学大学发展实践。无论是其好的经验还是走过的弯路，相信对我国职业教育体系建设都会有一定启示和参考价值，这也是我将论文成果出版的初衷。

值得注意的是，芬兰的应用科学大学在人才培养目标及定位上具有职业导向，但它并不属于职业教育，而属于高等教育系统的有机组成部分。芬兰的职业教育不属于高等教育系统。

二 为了致敬奋斗不息的读博岁月

将论文成果集结成书的过程，是向培养我、支持我和帮助我的所有人致敬。和所有人一样，我的博士学习生涯充满了各种"传奇"和"波折"。这里分享一二。

与导师结缘于芬兰。我的导师是北大教育学院年轻有为的"洋博士"。我叫她洋博士，一是因为与她的名字"杨钋"谐音；二是因为她是哥伦比亚大学毕业的博士。但其实她是"土著"北大人，从小学到高中再到硕士，都没离开过北大。我和她是在参加芬兰教育部国际学术研讨会上认识的。当时，英语科班出身的我，被她快速、流利、地道、专业的英语表达深深折服。

飞机机舱内确定选题。我天生好奇并勤于思考。但对于研究者来说，这是一把"双刃剑"，一方面我可能会有奇思妙想，容易提出好的问题，另一方面我又比较善变，有些想法过于天马行空。我的这一特质，在博士论文选题阶段，让导师颇为费神。为了能帮助我尽快确定选题，导师邀请我加入她与郭建如老师共同申请的"地方高校转型发展研究"课题组。在随课题组完成对贵州和云南有关地方高校调研后，我对中国中西部地方转型高校发展现状以及所处环境有了直观的认识，但困扰我的是，这些高校都属于教学型高校，且教师研究能力薄弱，他们如何才能实现转型的目标并为地方发展提供支持？这使我和导师对欧洲应用科学大学有没有科研、它们的科研是如何发展的等问题产生了极大的兴趣。于是，在保山返回北京途中，在轰隆隆的飞机声中，我和杨老师经过兴奋的讨论，终于确定了选题。

刻骨铭心的芬兰调研。2019 年 1 月，我赴第二个案例学校进行调研。该校位于芬兰东南部与俄罗斯接壤的一个小镇。因为下雪，我在布鲁塞尔转机时，飞机已经延迟了 5 个小时。在抵达赫尔辛基转乘火车时，又晚了 3 个小时。当我辗转到米凯利小镇时，已是晚上 10 点多了。我拖着沉重的行李，在零下 20 度的雪地里，跟着手机导航转了好久，才找到预定酒店。一进酒店的门，大厅服务人员就欢呼起来 "The Chinese Lady is here"。原来他们一直在为我担心，并特意请餐厅留人，看到我安全抵达后，才松一口气。第二天我即刻就开始了为期一周的访谈。感谢案例学校东南芬兰应用科学大学校领导和各位同事的支持和配合，我的访谈进展非常顺利。等我回到国内过完春节后，因咳嗽喘不上气去医院检查，才发现肺炎已经非常严重了。后来回头听访谈录音时，才发现我美说一句话就咳嗽，但当时并没有注意到。

导师曾经说过一句话，"你遇到的所有困惑及痛苦，都是读博士应该有的经历，你必须自己去想办法克服它，谁也替代不了你"。这看似"冷酷"的一句话，却是我每次遇到困难时最安慰我的一句话，使我很快调整心态，重新出发。

在成果出版之际，回顾以往学习和研究经历，满怀感恩。真诚感谢我的导师杨钋教授，她以耐心、理性、充满智慧、极富学理素养的方式指引着我一步步靠近学术道路。衷心感谢我的二导师、坦佩雷大学的蔡瑜琢教授，在我博士学习的各个关键环节，给予我及时的指导和鼓励。感谢郭建如教授、阎凤桥教授、林小英教授及北京大学教育学院各位老师给予我的专业指导。感谢两个案例学校的所有受访者，他们在访谈中的坦诚分享，为研究提供了鲜活而详实的数据。尤其真诚感谢 X 校的校长 H 教授，在我案例选择上提供重要建议、帮助我安排访谈、多次接受我的访谈、为我提供档案资料。感谢国家教育行政学院各位领导和同事对我的支持和帮助。感谢社会科学文献出版社团队的通力合作和支持。

最后，真诚感谢我的家人。尤其感谢我先生费翔宇，在我写论文期间，他经常用理性的质询和充满智慧的幽默，在启发我的同时给我创造愉悦环境，使我能够心无旁骛地享受学习时光。

总而言之，作为一个管理人员，我的学术研究之路漫长且充满艰辛和挑战，但我也深切体会到学术交流和探索为我带来的愉悦，并为我的工作赋能。

学术研究像攀登山峰。完成博士论文，只是刚刚从山下的灌木丛中找到一条小道。要走近山脚，攀上山峰，还有很长的路要走。

井美莹

图书在版编目（CIP）数据

平等而不同：芬兰应用科学大学的科研发展／井美
莹著.——北京：社会科学文献出版社，2022.11（2023.2 重印）
（创新教育文库）
ISBN 978-7-5228-0802-4

Ⅰ.①平…　Ⅱ.①井…　Ⅲ.①高等学校-科学研究工
作-芬兰　Ⅳ.①G644

中国版本图书馆 CIP 数据核字（2022）第 179282 号

创新教育文库
平等而不同：芬兰应用科学大学的科研发展

著　　者／井美莹

出 版 人／王利民
组稿编辑／任文武
责任编辑／郭　峰
文稿编辑／吴尚昀
责任印制／王京美

出　　版／社会科学文献出版社·城市和绿色发展分社（010）59367143
　　　　　地址：北京市北三环中路甲 29 号院华龙大厦　邮编：100029
　　　　　网址：www.ssap.com.cn
发　　行／社会科学文献出版社（010）59367028
印　　装／三河市龙林印务有限公司

规　　格／开本：787mm×1092mm　1/16
　　　　　印　张：14.75　字　数：194 千字
版　　次／2022 年 11 月第 1 版　2023 年 2 月第 2 次印刷
书　　号／ISBN 978-7-5228-0802-4
定　　价／65.00 元

读者服务电话：4008918866